中国金融四十人论坛

CHINA FINANCE 40 FORUM

致力于夯实中国金融学术基础，探究金融领域前沿课题，
引领金融理念突破与创新，推动中国金融改革与发展。

政治化的困境

美国保守主义智库的兴起

王海明◎著

中信出版集团 · 北京

图书在版编目（CIP）数据

政治化的困境：美国保守主义智库的兴起 / 王海明著. -- 北京：中信出版社，2018.4
（中国金融四十人论坛书系）
ISBN 978-7-5086-8808-4

Ⅰ.①政… Ⅱ.①王… Ⅲ.①咨询机构－研究－美国 Ⅳ.① C932.8

中国版本图书馆 CIP 数据核字 (2018) 第 055195 号

政治化的困境：美国保守主义智库的兴起

著　　者：王海明
出版发行：中信出版集团股份有限公司（北京市朝阳区惠新东街甲 4 号富盛大厦 2 座　邮编　100029）
承 印 者：北京诚信伟业印刷有限公司

开　　本：787mm × 1092mm　1/16　　印　　张：16.25　　字　　数：200 千字
版　　次：2018 年 4 月第 1 版　　印　　次：2018 年 4 月第 1 次印刷
广告经营许可证：京朝工商广字第 8087 号
书　　号：ISBN 978-7-5086-8808-4
定　　价：58.00 元

中国金融四十人论坛书系
CHINA FINANCE 40 FORUM BOOKS

“中国金融四十人论坛书系”专注于宏观经济和金融领域，着力金融政策研究，力图引领金融理念突破与创新，打造高端、权威、兼具学术品质与政策价值的智库书系品牌。

中国金融四十人论坛是中国最具影响力的非官方、非营利性金融专业智库平台，专注于经济金融领域的政策研究与交流。论坛正式成员由40位40岁上下的金融精锐组成，即“40×40俱乐部”。论坛致力于以前瞻视野和探索精神，夯实中国金融学术基础，研究金融领域前沿课题，推动中国金融业改革与发展。

自2009年以来，“中国金融四十人论坛书系”及旗下“新金融书系”已出版100余本专著、文集。凭借深入、严谨、前沿的研究成果，该书系在金融业内积累了良好口碑，并形成了广泛的影响力。

序　言

2016年美国大选，唐纳德·特朗普胜出，共和党在参众两院及各州政府与议会选举中大获全胜，美国保守主义政治势力获得前所未有的成功。王海明博士的著作《政治化的困境——美国保守主义智库的兴起》以美国保守主义智库为切入点，分析美国保守主义运动的兴起和发展，对于我们理解美国政治发展的新趋势无疑是一个贡献。

这部著作有两个关键词，其一是保守主义，其二是智库。从某种意义上说，这两个关键词是理解美国目前政治发展走向最具指标意义的词。

保守主义的崛起是第二次世界大战以来美国政治发展中最重要的现象之一。很长时间以来，美国主流政治学界一直流行所谓"美国的自由主义传统"的说法，这一观点在著名政治学家路易斯·哈茨于1955年出版的《美国的自由主义传统》中表达得淋漓尽致。根据哈茨的分析，美国自建国以来一直是一个自由主义社会。美国既没有封建主义传统，也没有社会主义传统；既"缺乏一种真正的革命传统"，也"缺乏一种极端保守的传统"。

这里需要澄清自由主义的概念。自由主义有诸多不同的用法。

自由主义起源于宗教改革，约翰·洛克通常被视为最早系统阐述自由主义理论的思想家。到19世纪，自由主义形成一套系统的政治、经济、外交理念，成为西方世界占主导地位的意识形态。自由主义的基本理念包括：崇尚个人权利与自由；强调有限政府、宪政政府；主张减少政府对经济的干预，发展自由市场经济；国际政治上强调国际法；宗教上持宗教宽容态度。

这套古典自由主义理念后来遭遇很大挑战。从19世纪后半期开始，早期自由资本主义所带来的社会问题，特别是工人阶级的贫困问题日益凸显，在自由主义阵营内部出现了对古典自由主义的反思与批评。英国以牛津唯心学派格林为代表的新型自由主义（New liberalism）①，开启了对古典自由主义的系统批评以及对自由主义理论的重新解释。尤为重要的是，新型自由主义强调国家在社会经济活动以及实现社会正义中扮演的重要角色。这些理念后来构成凯恩斯经济理论的哲学基础，罗斯福新政及其后美国民主党政府的经济与社会政策也在很大程度上反映了这种新型自由主义的思路。

在美国语境下，所谓自由主义（Liberalism）的或自由派（Liberal）就是指这种新型自由主义理念。概括而言，美国语境下

① 在自由主义发展史上，曾出现过两种英文都译为“新自由主义”的理论形态。其一是以牛津唯心主义为代表的New Liberalism，其主要理论特征是修正古典自由主义放任经济的倾向，强调国家在干预经济和实现社会正义方面的职能；其二是在20世纪中期兴起并在20世纪70—80年代达到高峰的Neo-liberalism，其理论特征是扬弃New liberalism的国家理论，创造性地复兴古典自由主义关于经济自由的理论。国内学术界为了避免这两种“新自由主义”的混淆，曾探索过不同的译法。李强 . 自由主义［M］. 北京：东方出版社，2015. 中综合考虑两种自由主义形态的理论特征，特别是考虑到国内学术界和理论界的主流用法，尝试将New liberalism译为“新型自由主义”，Neo-liberalism译为“新自由主义”。

的自由主义包括一系列社会、经济、政治方面的理念：强调平等的个人权利，尊重个人对不同生活方式的选择；主张保障少数族裔、同性恋等少数群体的权利；标榜社会公平与正义，推行社会福利政策；主张宗教宽容甚至多元文化主义。

美国保守主义的兴起就是对这种自由主义占主导地位的政治格局回应的产物。按照美国保守主义研究者乔治·纳什的分析，尽管从思想渊源上说，我们可以从美国历史上找出保守主义的先声，但系统的保守主义理念是在第二次世界大战之后逐渐形成的，是对从罗斯福、杜鲁门到约翰逊的“伟大社会计划”等自由主义政策的反动。

正如王海明博士在书中展示的那样，最初的保守主义运动并不是一个明确表达的、具有强烈自我意识的、统一的意识形态，而只是多种抗议声音的聚合。渐渐地，各种抗议声音汇集成一股保守主义思想运动。这股思想运动主要包括三方面的内涵。第一，古典自由主义或自由至上主义（libertarianism），后来也被人们称作“新自由主义”（Neo-liberalism），以哈耶克、弗里德曼、科斯、公共选择学派等为代表，在经济上回归古典自由主义理念，强调市场的作用，强调私有化，反对政府干预，呼吁减少社会福利。第二，传统保守主义，或曰新保守主义（New Conservatism，不同于后来的新保守主义，即 Neo-conservatism），以理查德·韦弗、皮特·韦尔莱克、罗素·柯克、罗伯特·尼斯贝特为代表，痛恨世俗化与大众社会，反对多元文化主义，反对堕胎、同性恋平权等议题，拒绝道德相对主义，强调传统的社会价值，对传统社会结构有很高评价，希望恢复传统宗教与伦理教条。在传统保守主义阵营中还必须提及施特劳斯学派的影响，因为施特劳斯对自由主义价值相对主义和怀疑主义的批评为传统保守主义提供了强有力的哲学论证。第三，狂热的“反共”人士，在“冷战”期间，鼓吹对苏联和社会主义阵营采取强硬政策。

这几股力量尽管关注的重点不同，但它们共享一个理念，那就是对罗斯福新政以来美国自由主义的反感。乔治·纳什对此曾有精辟的概括：“对于自由至上主义者而言，现代自由主义是日益膨胀的官僚化与福利国家的意识形态，如不加以限制，便会变成全能主义国家，摧毁个人自由和私有财产——而这些正是一个繁荣社会的源泉。对于传统主义者而言，自由主义是一种导向崩溃的哲学。它像一种酸性物质，会腐蚀西方文明的伦理与制度基础，制造一个巨大的精神真空，而全能主义的虚妄上帝便会乘虚而入。对于“冷战”时的“反共”斗士而言，现代自由主义——理性主义的、相对主义的、世俗化的、反传统的、半社会主义的——根本无力强劲抵御左翼的敌人。在他们看来，自由主义是左翼的一部分，它不可能有效地抵御一种和它共享诸多预设的敌人。正如詹姆斯·布坎南所言：自由主义在本质上是一种导致西方自身毁灭的工具，自由主义是西方自杀的意识形态。”

这几股力量形成了强大的保守主义运动，赋予共和党新的意识形态方向和活力，最终在1980年将里根推上总统位置。

在里根之后，推行新帝国主义政策的新保守主义（Neo-conservatism）一度在小布什政府期间主导美国的外交政策，推动美国在伊拉克发动战争并在全球追求以民主化、政权更替为口号的革命。

特朗普式的保守主义则代表了美国保守主义发展的新趋势，这一趋势的重要特征是保守主义与民粹主义的结合。应该说，第二次世界大战之后直到里根时期的保守主义以及小布什时期的新保守主义运动都是自上而下的运动，即由精英推动的运动。但美国社会一直有深厚的民粹主义传统，社会大众对政治、经济、社会及知识精英有极强的警惕性。这种对精英的警惕和不信任在奥巴马时期集中爆发，兴起了主要由下层大众推动的茶党（Tea Party）运动。

茶党是典型的民粹主义运动，但其理念与诉求更多地体现了保守主义的特征。在经济政策方面，茶党要求削减支出、停止救市、减少债务、平衡预算、改革税收、严格限制政府权力、反对医保改革；在社会价值层面，主张维护传统的基督教价值观，反对堕胎和同性恋；在社会政策层面，拒绝全球化，反对移民，具有很强的本土主义和种族主义色彩。正如茶党“纲领”所声称的那样，茶党的目标是逆转威尔逊的进步主义、罗斯福的新政、约翰逊的“伟大社会”以及奥巴马的“根本改变美国社会纲领”。茶党的主要矛头既指向以民主党为代表的自由派，也指向建制派的共和党精英。在他们眼里，相当多的共和党建制派人物，背离了保守主义的事业，以及与自由派有共同的既得利益。

特朗普的政治主张体现了保守主义和民粹主义的结合。如果我们将注意力从特朗普那种违背常规，甚至违背常理的言行举止转向他的基本理念和政策导向，那么，可以说，特朗普的目标是比里根主导的更全面、深刻的保守主义革命，这场革命旨在颠覆罗斯福新政以来美国诸多具有自由主义特征的政治、经济、社会、文化、宗教和外交政策。

在第二次世界大战以来美国保守主义运动的发展中，智库扮演了举足轻重的角色。从某种意义上说，不理解美国智库，便无法理解美国政治。

理解美国政治，如同理解所有国家政治一样，要有与时俱进的态度，要注意到正式制度和制度的实际运作之间的差异。如果我们以一种比较简单的方式描述美国政治的实际运作的话，我们可以明显地看出几个不同阶段的不同特色。

最早美国政治制度的设计应该说是比较典型的三权分立、制约均衡的制度，参众两院和总统职权有明确的分工与制衡，最高法院的司法审查权也构成了美国政治制度中的重要特征。

但是，随着美国政党政治的出现，这种三权分立、制约均衡的制度实际上被政党政治所左右。美国的宪法之父詹姆斯·麦迪逊明确反对政党，认定政党的出现会产生派系政治、破坏政治的公共性。但是，随着美国政治的发展，政党政治逐渐成为现代政治运行的重要制度成分，尤其是民主制度的核心要素。政党成为民主选举的主要组织者、操作者。政党在政策创意、政治人物任命、政治动员等方面扮演核心角色。

不过，和世界上许多国家的政党相比，美国的政党权力高度分散，组织颇为松散，政党的意识形态特征也不具备刚性，政党缺乏严格的纪律。在这种情况下，政党之外的形形色色的社会团体、利益团体便可能在政治上有较大的活动空间。智库的兴起便属于此类。

当然，智库之所以能够发挥日益重要的作用也与现代传播媒介的兴起密不可分。在传统传播的环境下，信息传播的主要途径是印刷媒介，政治家进行政治动员必须依赖自上而下的组织，政党便是这种类型的组织。在 20 世纪 60 年代之后，电视出现并很快成为大众传播的主要手段，之后又是网络普及所带来的各种各样的传媒方式。这些新型传播方式的出现从根本上改变了政治精英动员大众的方式。政治精英可以较少依赖甚至不依赖传统的组织方式，而直接向大众传播自己的理念。

在这种环境下，以探索政治观念和研究公共政策为主要目标的智库就可能逐步取代传统政党在政策创意方面的功能，成为政党的头脑。如果我们观察今天美国政治运行的话，便不难发现，政党在政策创意方面的角色愈来愈弱化，形形色色的智库愈来愈成为政策创意的发源地。政党充其量只是将相关智库的研究结果接收过来，加以修改或修饰，作为自己某方面政策的基础。

这种类型的智库在保守主义阵营尤为明显。按照王海明博士的研究，美国自由主义的智库意识形态色彩相对淡薄，中立、客观研究较为普遍。保守主义智库则不然，保守主义智库具有很强的意识形态色彩，是意识形态的引导者、鼓吹者。

王海明博士通过翔实的资料分析以及难能可贵的第一手访谈，颇为细腻地描述了传统基金会、企业研究所、胡佛研究所、加图研究所等主要保守主义智库的兴起、发展、组织结构、运行机制及职能，并将这些智库的发展和美国保守主义政治思潮和政治运动的兴起与壮大有机地结合在一起，展示了这些智库在美国保守主义发展中所扮演的重要角色。

在这些保守主义智库中，王海明博士对传统基金会着墨颇多。传统基金会作为保守主义意识形态智库的旗舰，在美国保守主义运动的发展中起到了举足轻重的作用。王海明博士详细描述了传统基金会在里根政府以及特朗普竞选与执政期间扮演的重要角色。一方面，传统基金会是重要的政治理念和执政纲领设计者；另一方面，传统基金会为里根政府和特朗普政府提供了为数众多的后备官员，扮演了“影子转型团队”的功能。唯其如此，传统基金会被视为美国“保守主义的大本营”。

这部著作对于学术界的贡献在于，一方面，王海明博士对美国保守主义和美国政治智库的研究为我们理解当代美国政治做出了颇有价值的贡献；另一方面，国内智库发展正处于方兴未艾之际，作者关于美国智库的翔实研究对于促进我国智库的发展也会有所裨益。

北京大学政府管理学院教授　李强

2018 年 2 月于燕园

目　录

前　言

一、传统基金会：特朗普背后的特殊力量

2016 年，唐纳德·特朗普（Donald Trump）当选美国总统，世人为之震撼，随之而来的是对特朗普大旗下政策议题的关注。作为美国共和党的候选人，特朗普很大程度上给人以保守主义的印象：反对奥巴马医改、减少政府管制、大幅度减税、加强移民监管等。同时，他也为保守主义注入了一些新的元素，如民族主义、民粹主义和保护主义。在设置这些议题的过程中，保守主义意识形态智库，特别是传统基金会（The Heritage Foundation）起到了重要作用。[①]

传统基金会可谓特朗普背后的一支特殊力量。之所以说特殊，一方面，传统基金会以智库的形态存在，又明显不同于华盛顿广泛存在的中立智库，它有着非常明确的意识形态倾向，其政治游说特点尤为突出；另一方面，它也远强势于华盛顿其他保守主义智

① Alex Shephard. "The D.C. Think Tank Behind Donald Trump——How the Heritage Foundation is Shaping the President's Playbook." Available at：https：//newrepublic.com/article/140271/dc-think-tank-behind-donald-trump.

库——传统基金会可谓美国保守派的大本营，“试图为政治提供正确的方向”。[①]总之，传统基金会旗帜鲜明且举足轻重。作为保守主义意识形态智库的旗舰，传统基金会对特朗普的支持明显体现在他赢得党内候选人之后。特朗普当选总统之后，传统基金会的支持又进一步：几乎为他的每一项政策“出谋划策”，从经济政策到最高法院法官提名，因而被认为是特朗普政府的“影子转型团队”。[②]

传统基金会的“影子转型团队”功能，突出体现在大法官的提名上。在美国政治体系中，最高法院的位置至关重要，大法官可谓“一言九鼎”，加之任职终身制的特殊安排，大法官的影响力往往可以持续二三十年而不受总统换届的影响，传统基金会著名法律专家埃德·米斯（Ed Meese）甚至认为，总统最能影响后世的权力在于挑选联邦法官。[③]因此，传统基金会历来注重加强对司法机构的影响，守卫美国最高法院这个保守派非常看重的阵地。2016年，美国最高法院法官安东宁·斯卡利亚（Antonin Scalia）突然去世，新总统面临一次可以提名大法官的机遇，传统基金会立即展开研究，为特朗普开列了一个可供选择的清单。最终，传统基金会协助特朗普提名并任命了保守主义法官尼尔·哥萨奇（Neil M. Gorsuch）作为最高法院法官，进一步巩固了保守派的优势地位。

传统基金会的另一大优势领域是设计政治理念和执政纲领。2014年6月6日，传统基金会时任总裁吉姆·德敏特（Jim

---

① 2016年10月4日笔者对李·爱德华兹的访谈。

② Alex Shephard. “The D.C. Think Tank Behind Donald Trump——How the Heritage Foundation is Shaping the President’s Playbook.” Available at：https：//newrepublic.com/article/140271/dc-think-tank-behind-donald-trump.

③ *Members News*（Winter 2016），Heritage Foundation.

DeMint）提出了利用奥巴马计划——包括医改、气候变化等一系列措施——拯救美国的两步走策略："在 2014 年，我们的任务是停止流血；在 2016 年，我们的任务是拯救国家"[①]，前者的意思是停止资金流失，后者则是指通过选举让保守派重新掌权，进而采取相反的政策。此前，为了使国家重回正轨，传统基金会曾在 2013 年发起一项名为"改造美国"（Reclaim America）的运动。[②] 特朗普在选举时提出"让美国再次强大"（Make America Great Again），很大程度上响应了传统基金会的呼声。

实际上，以"拯救国家"为推动力，传统基金会早已炮制了相关的改革计划，并在特朗普当选后将这些计划交付给特朗普行政团队及国会中的保守派议员，让他们明白不存在不进行改革的理由。同时，传统基金会也为新政府绘制了一系列新的"蓝图"，由此完成第七期《领导人的职责》（*Mandate for Leadership*）。[③] 这一期《领导人的职责》是一本 70 多页的指导手册，提供了实施保守主义观点的具体步骤，为新政府建议了一个全盘的政策计划。[④] 传统基金会对它的会员表示，这本"新政府全盘政策计划"将协助特朗普总统及其团队从第一天开始就做好充足的准备。

时针拨回到 1981 年，传统基金会首次发行《领导人的职责》即取得巨大成功，这部著作后来被誉为"里根革命的圣经"，传统

---

① Heritage Foundation. "The Transition to Greatness", Members News（Winter 2016）, P.9.

② Reclaim America. " Join with Heritage to Reclaim America." Available at：https：//secured.heritage.org/reclaim-america.

③ Heritage Foundation. "Mandate for Leadership：A Comprehensive Policy Agenda for a New Administration." Available at：http：//www.heritage.org/budget-and-spending/report/mandate-leadership-comprehensive-policy-agenda-new-administration.

④ *Members News*（Winter 2016）, Heritage Foundation.

基金会也借此一跃成为美国影响力最大的保守主义智库。特朗普就任总统的政府交接过程，让传统基金会重温了当年为里根总统效力的感觉，其中的伏笔早在2013年就已经埋下。那一年，传统基金会聘请茶党旗手德敏特为总裁，因其民粹化倾向而颇受指责："传统基金会如此支持茶党，以至于共和党内对其是否还是正统的保守主义产生了疑问。"[①]这种争议反而为传统基金会与特朗普之间架起了桥梁。特朗普选择德敏特的茶党"战友"、传统基金会的迈克·彭斯（Mike Pence）作为竞选搭档[②]，也正是抓住了保守主义民粹化的历史趋势。

传统基金会又一次发挥作用的一个明显证明是，特朗普新出台的财政预算方案与传统基金会2016年最新版《领导人的职责》十分相似：均取消了阿巴拉契亚地区委员会，减少了对国家艺术基金会的资助，并停止了对法律服务委员会、美国公共广播公司的赞助，等等。事后，传统基金会发表文章，赞扬总统的新预算方案，支持总统削减冗余的行政经费，并建议特朗普进一步提高军费开支。[③]

相对于以布鲁金斯学会（The Brookings Institute）为代表的中立智库，以传统基金会为代表的保守主义智库影响力似乎更为强大。那么，美国保守主义智库如何兴起，又如何一步一步走到了

① Alex Shephard. "The D.C. Think Tank Behind Donald Trump——How the Heritage Foundation is Shaping the President's Playbook." Available at：https：//newrepublic.com/article/140271/dc-think-tank-behind-donald-trump.

② Alex Shephard. "The D.C. Think Tank Behind Donald Trump——How the Heritage Foundation is Shaping the President's Playbook." Available at：https：//newrepublic.com/article/140271/dc-think-tank-behind-donald-trump.

③ Zaid Jilani. "Trump the Outsider Outsources His Budget to Insider Think Tank." Available at：https：//theintercept.com/2017/03/16/trump-the-outsider-outsources-his-budget-to-insider-think-tank/.

政治的深处？在保守主义智库兴起的过程中，美国政治发生了怎样的变化？基于美国当前的政治形势，保守主义智库的前景如何？所有这些问题的回答，都要追溯到20世纪70—80年代的美国。

二、保守主义智库的兴起：从1973年到20世纪80年代

比较而言，世界各国智库中数量之多、影响力之大，非美国莫属。据美国宾夕法尼亚大学智库与公民社会项目（Think Tanks and Civil Societies Program at the University of Pennsylvania）2016年1月发布的《2015年全球智库报告》（2015 *Global Go To Think Tank Index Report*）统计，2015年全球6846个智库当中有1835个来自美国，远远超过排名第二的中国（435个）和排名第三的英国（288个），而且美国智库占据了全球排名前十位中的六个，分别是布鲁金斯学会、卡内基国际和平基金会（Carnegie Endowment for International Peace）、战略与国际问题研究中心（Center for Strategic and International Studies, CSIS）、外交关系协会（Council on Foreign Relations, CFR）、兰德公司（The Rand Corporation）和威尔逊中心（Wilson Center）。[①] 在美国，智库在政治过程中扮演的角色至关重要，以至于有论者将智库称为立法、行政、司法和媒体之外的“第五种权力”。[②③]

---

① James G. McGann. “2015 Global Go to Think Tank Index.” Available at：http：//repository.upenn.edu/cgi/viewcontent.cgi?article=1009&context=think_tanks.

② Kent Weaver. *the Changing World of Think Tanks. Political Science & Politics*, 22（3）, 1989. P.563-578.

③ 任晓.第五种权力——美国思想库的成长、功能及运作机制[J].现代国际关系，2000（7）.

美国智库对于政治的巨大影响，尤其体现在意识形态智库之中，其中的典型就是传统基金会。美国20世纪90年代的众议院议长、共和党人纽特·金里奇（Newt Gingrich）曾经说道："毫无疑问，传统基金会是在国家的思想论战中影响最为深远的保守派组织，不仅在华盛顿具有巨大影响，其威力简直遍及全球。"值得注意的是，无论从数量还是政治影响力来讲，无论从所获得的社会捐助的规模还是公众的关注程度而言，具有保守主义意识形态倾向的智库在美国华盛顿地区都远远超过自由主义或者进步主义倾向的智库。[①]对于这种保守主义智库在美国政治体系内迅速发展且具有重大影响力的现象，本书拟聚焦一个特定的历史时间段专门分析。

本书将以传统基金会的成立为切入点，重点分析美国保守主义智库兴起的缘由及其在里根革命（Reagan Revolution，1980年至1988年）和保守主义运动中的重要作用。之所以如此聚焦，是因为历史地讲，虽然一般认为美国智库起源于1916年成立的布鲁金斯学会，但是智库以研究产品为基础主动去影响政策和政治体系的历史却是非常短的，1973年成立的传统基金会可以说是最为典型的代表。笔者认为，传统基金会与众不同的关键在于其政治化特征。尽管"政治化"在传统基金会发展的不同时期表现不同，却足以成为分析这家智库乃至理解美国意识形态智库最重要的一把钥匙。

美国保守主义智库政治化的起点，就在传统基金会诞生之时。1973年是一个特别的年份：那一年之前，美国经历了一个长达100年的生产率高速增长时期，资本投入、人力投入、产出等多种要

① [美]安德鲁·里奇.智库、公共政策和专家治策的政治学[M].潘羽辉，等译.上海：上海社会科学院出版社，2010：1.

素都快速增长，并在 1928 年至 1950 年达到高峰。[①] “百年盛世”之后，从 1973 年开始，美国的经济增长开始趋势性放缓，与 1960 年至 1973 年相比，1973 年至 1979 年美国劳动生产率的增速下降了 1.2 个百分点（相当于下降了 45%）。[②]1973 年，美国陷入了第二次世界大战后最为严重的滞胀危机，加之能源危机爆发、侵越战争惨败、布雷顿森林体系崩溃等一系列事件的触动，美国人对之前的价值体系产生了系统性反思，经济的变化也伴随了思潮、政治和社会层面的一系列变化。

思潮上的变化开始于 20 世纪 40 年代中期出现的一个耐人寻味的重大现象：保守主义运动（Conservative movement）或者保守主义革命（Conservative revolution）。[③] 保守主义运动着力攻击 20 世纪 30 年代开始的新政自由主义，一方面强调自由市场经济，反对政府对经济的管制；另一方面，保守主义运动肯定社会文化中“沉默的大多数”（the silent majority）所信赖的价值观，反对性自由、堕胎、同性恋乃至于吸毒等新潮的权利和自由。

20 世纪 60 年代中期，“融合主义”（fusionism）出现，保守主义思潮各派由此找到一个“哲学上的集合点”，并在 20 世纪 80 年代演变为政治上实实在在的实践。其间，政治上的变化令人叹为观止：共和党经历了巴里·戈德华特（Barry Goldwater）竞选的失

---

① Robert J. Gordon. *Interpreting the “One Big Wave” in U.S. Long-Term Productivity Growth*, NBER Working Papers 7752, National Bureau of Economic Research, Inc. 2000.

② Lindbeck, Assar. *The Recent Slowdowns of Productivity Growth*, Economic Journal, Royal Economic Society, vol. 93（369）, 1983. P.13-34.

③ Lee Edwards. *The Conservative Revolution*：*The Movement that Remade America*. New York：Simon & Schuster, 1999.

败和里根革命的巨大成功；美国政治完成了从左派主导到右派主导的巨大转变，并逐渐走向两极化。

美国两极化政治的发展为意识形态智库的兴起提供了前所未有的政治空间和政策产品需求。尤其在里根革命时期，保守主义智库的发展获得了历史难得的发展契机，成为美国政治生态中的重要组成部分，传统基金会则进一步站到了保守主义运动的中央。

思潮和政治权力的演变为保守主义智库的兴起提供了历史契机，保守主义智库自身的发展又有其内在的政治化逻辑。本书立足历史和政治的视角观察美国保守主义智库，可以更好地分析保守主义智库产生作用的内在逻辑，理解其走向彻底政治化的必然，也有助于理解美国政治两极化和民粹化的前世今生。

中国金融四十人论坛
CHINA FINANCE 40 FORUM

第一章

美国保守主义智库的兴起

1980年11月4日，共和党候选人里根当选总统，标志着保守主义力量对于自由主义建制的革命胜利。对当选后的里根而言，革命的真正成功还要看执政的效果。传统基金会抓住时机，第一时间提供了执政纲领。除了传统基金会，胡佛研究所（Hoover Institution）和美国企业研究所（American Enterprise Institute, AEI）等保守主义智库也都各显身手，并得到了蓬勃发展。

与20世纪80年代相比，在自由派占主导的20世纪60年代，保守主义智库的日子远没有那么好过。那时，美国保守派仍处于“孤魂野鬼”的边缘状态，他们想反对自由派，却只有思想和口号，缺少相应的政策专家支持。在实际的政策领域，偏左的布鲁金斯学会几乎垄断了政府的政策外脑工作，右派则没有任何一个能够与布鲁金斯学会相提并论的机构。[①]

转折点出现在20世纪70年代初，先是AEI在“思想市场”（Marketplace of Ideas）的旗帜下快速发展，之后传统基金会以更加猛烈的方式介入政治，实现了保守主义智库前所未有的辉煌。相比中立智库，保守主义智库的“影子政府”特点更为突出，这一点从里根政府中来自保守主义智库的官员数量可见一斑。1981年至1988年，来自美国保守主义智库的近200名成员进入里根政府，担任顾问或其他高级职务：55人来自胡佛研究所，36人来自

---

① Lee Edwards. *The Power of Ideas*：*The Heritage Foundation at 25 Years*. Ottawa, Illinois：Jameson Books, Inc., 1997. P. 3.

传统基金会，34 人来自 AEI。[①]

一、传统基金会：思想有其结果

理查德·韦弗（Richard Weaver）的《思想有其结果》（*Ideas Have Consequences*）是保守主义运动中的经典著作，而“思想有其结果”也堪称保守派和传统基金会的精神内核。对传统基金会的精神，里根总统曾这样概括：“思想确有结果，修辞即政策，且词语即行动。”[②]也正是里根执政，为传统基金会追求思想的结果提供了难得的契机。

对里根当选美国总统，著名保守主义思想家罗素·柯克（Russell Kirk）称之为对保守主义而言只有一小时的历史性契机[③]，彼时，他和另一位保守主义意见领袖米尔顿·弗里德曼（Milton Friedman）不约而同得出了一个非常严肃的判断：美国保守派到了关键的时刻。他们清楚地意识到，胜利之后，关键在于如何守护、壮大胜利的成果。罗素·柯克认为，在这方面，没有任何一个组织比传统基金会做得更好。[④]

早在里根当选之前一年，传统基金会总裁埃德温·福伊尔纳（Edwin Feulner）就敏锐地观察到这次契机的不同，并开始着手准

---

① ［加］唐纳德·E. 埃布尔森 . 智库能发挥作用吗？公共政策研究机构影响力之评估［M］. 扈喜林，译 . 上海：上海社会科学院出版社，2010：129.

② Ronald Reagan. *Remarks by the President during the Heritage Foundation Dinner*, April 22, 1980.

③ Lee Edwards. *Leading the Way：The Story of Edwin Feulner and Heritage Foundation*, New York：Crown Forum, 2013. P.5.

④ Lee Edwards. *Leading the Way：The Story of Edwin Feulner and Heritage Foundation*, New York：Crown Forum, 2013. P.5.

备。他迅速组织了 250 多位政府内外的专家，为保守主义制定执政纲领。这对当时只有 30 名员工的传统基金会而言，无异于一个巨大的赌注。[①] 事实证明，传统基金会此次赌注获得了巨大的成功。

里根的竞选副总监米斯（Ed Meese）看到文稿后曾预言，里根政府将高度依赖传统基金会。[②] 不出所料，里根甚至还将《领导人的职责》作为重点读物发放给其阁员和僚属，并指导他们阅读此书。实际上，里根和传统基金会最重要的联系也正是《领导人的职责》。就任后不久，里根总统就公开表达了他和他的团队对传统基金会的感谢："有一个机构给了我们特殊且非常具有实质性的帮助，我们永远不会忘记。我说的这个机构当然是保守派阵营活跃的新成员——传统基金会。为了我们，更是为了整个国家的利益，我们一直在使用这部《领导人的职责》。传统基金会的研究是如此透彻、中肯与切合实际，对我们以及政策制定过程十分有益。最常使用这部书且最受益的人就是我本人。"[③]

据统计，在里根政府执政的八年里，这份文稿里 60% 的政策建议（2000 项政策建议中的 1270 项）都被采纳[④]，以至于有评论说"传统基金会主宰了华盛顿要人在读完晨报之后要谈论的内容——它帮助设定了政治议程"。[⑤] 更具行动意义的是，250 余位《领

---

① Lee Edwards. *Leading the Way*：*The Story of Edwin Feulner and Heritage Foundation*. New York：Crown Forum, 2013. P.128.

② Lee Edwards. *Leading the Way*：*The Story of Edwin Feulner and Heritage Foundation*. New York：Crown Forum, 2013. P.4.

③ Lee Edwards. *Leading the Way*：*The Story of Edwin Feulner and the Heritage Foundation*. New York：Crown Forum, 2013. P.162.

④ Richard N. Holwill. *The First Year*：*A Mandate for Leadership Report*. Washington, D.C.：The Heritage Foundation, 1981, P.1.

⑤ ［加］唐纳德·E. 埃布尔森 . 智库能发挥作用吗？公共政策研究机构影响力之评估［M］. 扈喜林，译 . 上海：上海社会科学院出版社，2010：131.

导人的职责》的写作组成员很快进入政府高层的就超过 15 位[①]，相关贡献者加入里根政府的人数则更多（见表 1.1）。

表 1.1　《领导人的职责》及其贡献者加入里根政府的部分名单

名字	政府部门担任职务（英文）	政府部门担任职务（中文）	曾在传统基金会担任的职务
1. Norman Ture	Treasury Undersecretary for tax and economic affairs	财政部税务与经济事务副部长	—
2. Manuel Johnson	Vice Chairman of the board of governors of the Federal Reserve	美联储委员会副主席	经济学家
3. Willa Johnson	Deputy Director of the White House Personnel Office	白宫人事办公室副主任	副主席
4. Charles Heatherly	Special Assistant to the Secretary of Education	教育部部长特别助理	—
5. Eugene J. McAllister	—	—	预算分析师
6. James C. Miller	Chairman of the Federal Trade Commission	联邦贸易委员会主席	—
7. James Watt	Interior Secretary	内政部长	—
8. William J. Bennett	Secretary of Education	教育部部长	—
9. Paul Craig Roberts	Assistant Treasury Secretary for Economic Policy	经济政策助理财政部长	—
10. John A. Svahn	Commissioner, Social Security Administration	社会保障总署要员	—

① Lee Edwards. *Leading the Way*：*The Story of Edwin Feulner and Heritage Foundat*ion. New York：Crown Forum, 2013. P.139.

续表

名字	政府部门担任职务（英文）	政府部门担任职务（中文）	曾在传统基金会担任的职务
11. Robert Hunter	Member, National Labor Relations Board	美国全国劳资关系委员会成员	—
12. James Hackett	—	—	—
13. Tidal McCoy	Associate Director, Intern-ational Communiactions Agency	国际通信署副主任	—
14. Richard T. Kennedy	Assistant Secretary of the Air Force	美国空军助理部长	—
15. Michael Horowitz	OMB Special Counsel	美国行政管理和预算局特别顾问	—
16. Danny Boggs	White House Senior Policy Advisor	白宫高级政策顾问	—
17. Stephen Entin	Deputy Assistant to the Secretary of Labor	劳工部部长副助理	—
18. Lloyd Aubrey	Special Assitant to the Secretary of Labor	劳工部部长特别助理	—
19. William Gribbin	Deputy Assistant to the President for Legislative Affairs	立法事务主席副助理	—
20. Donald Senese	Assistant Secretary of Agriculture	农业部副部长	—
21. James L. Malone	Head of the US Delegation to the Law of the Sea Conference in Geneva and New York	联合国海洋法会议美国驻日内瓦和纽约代表团团长	—

注：本表格内容整理自 Lee Edwards. *The Power of Ideas：The Heritage Foundation at 25 Years*. Ottawa, Illinois：Jameson Books, Inc., 1998. PP.51–52.

这项成功的策划，让传统基金会受益匪浅。“20 世纪 80 年代，传统基金会的地位迅速提升，可谓如鱼得水。1980 年至 1988 年，其年度预算从 530 万美元上升到 1460 万美元，增长了两倍。研究和工作人员从 70 人增加到了 135 人，几乎翻了一番。”[①]到 1985 年后期，传统基金会成为那些想进入华盛顿权力圈子的年轻保守主义者眼中的最佳机构。1985 年 11 月，《纽约时报》的一篇文章写道：“许多分析师都是聪明的大学毕业生，他们经一流大学中持保守观点的教授推荐给传统基金会。另一些分析师则是被传统基金会有助于年轻保守主义者职业生涯发展这一点所吸引，自己来到传统基金会。传统基金会表示，他们近年来已经将数十位自己的员工安放在政府部门工作。在过去 14 个月中，还安排了超过 250 位保守主义人士到政策制定的岗位当中。”大量年轻、保守的积极分子的涌入使传统基金会成为致力于年轻保守分子身份认同和就业选择的关键机构。[②]

追溯传统基金会的源起，可以发现几条不同的线索，其中最重要的就是应政治的需求而发起的念头。传统基金会成立前，为了加强共和党国会议员对于实际政策的影响力，保罗·韦里奇（Paul Weyrich）曾在国会中联合其他共和党激进人士于 1973 年模仿民主党 1959 年成立的民主党研究委员会（Democratic Study Committee），成立了共和党研究委员会（Republican Study Committee）[③]。但是，

① 任晓 . 试论美国的保守主义运动——传统基金会之研究［J］.世界经济与政治，2004（2）：64.

② Jason Stahl. *Right Moves*：*The Conservative Think Tank in American Political Culture Since* 1945. Chapel Hill：The University of North Carolina Press, 2016. P.129.

③ 1973 年该组织成立时的名称为“Republican Steering Committee”，1974 年更名为“Republican Study Committee”，见 Lee Edwards. *Leading the Way: The Story of Ed Feulner and Heritage Foundation*, New York: Crown Forum, 2013. P.57.

这家机构成立不久就发现，无论是在政策研究还是政策资源方面，相比已经积淀多年的民主党一派的布鲁金斯学会，其实力都相差甚远。共和党研究委员会迫切需要补充知识和思想的力量，其更为能动的政治化发展方向也亟须政策研究。[①]

实际上，建立一个像传统基金会这样的智库，并不是源自保守派在野时期的需求，而恰恰是保守主义当政时期的想法。在尼克松总统当政期间（1969 年至 1974 年），特别是其第二任任期内，尼克松感到，虽然共和党占据了白宫，但在整个华盛顿，保守派仍然是少数。尼克松的职员很大程度上被信奉自由主义的官僚和一批自由主义智库所包围和架空了，无法真正实施保守主义的政策，以至于其助手曾经在 1969 年开展了一项调查，看联邦政府各机构的人员从何处获得政策建议。在得到结果之后，尼克松总统甚至一度想下令，让白宫的职员不要再用布鲁金斯学会的报告来进行决策。他最后做出的决定是，命令其保守主义顾问帕特里克·布坎南（Patrick Buchanan）研究自由主义智库的运作机制，并试图仿效之。尼克松需要一个自己的智库，让它在保守主义当政时期成为政策咨询机构，在保守主义在野的时候成为一个"免税的避难所"（tax-exempt refuge），并成为美国全国保守主义者的交流中心。[②]

一个广为人知的故事是，传统基金会建立的直接原因是缘于一次保守派在国会辩论中项目投票上的失利。在事后看来，如果国会议员事先阅读过 AEI 的一篇简报的话，这次投票很有可能就

① Jacob S. Hacker, Paul Pierson. Winner-Take-All Politics: *How Washington Made the Rich Richer—and Turned Its Back on the Middle Class*. New York: Simon and Schuster, 2010. P.124.

② James A. Smith. *The Idea Broker*：*Think Tanks and the Rise of the New Policy Elite*. New York：The Free Press, 1991. P.196-197.

有完全相反的结果了。[①] 传统基金会的两位创始人保罗・韦里奇和埃德温・福伊尔纳都是来自国会的保守主义行动家[②]，他们认为原有的保守主义势力侵略性不够，不能直接而且迅速地影响政策，因而必须改弦更张。保罗・韦里奇和埃德温・福伊尔纳想要建立一个比 AEI 更加积极的影响政治的机构，这个想法在当时的政治背景下可谓恰逢其时。

保守主义智库的建立不仅有其政治上的需求，也有其财务上的基础。20 世纪 60 年代初的八年间，美国都处在民主党执政时期，支持自由市场经济的大财阀们在寻找除了直接支持共和党候选人之外的影响途径。科罗拉多州大啤酒制造商约瑟夫・库尔斯（Joseph Coors）找到了保罗・韦里奇和埃德温・福伊尔纳，并且给了后者足够的支持。

传统基金会成立伊始就呈现出强烈的政治化色彩，"立场鲜明"也可谓它的第一大特征。埃德温・福伊尔纳宣称，智库要获得成

① 事情始于 1971 年的一次关于超音速飞机项目的投票。在国会山的辩论中，共和党以微弱的劣势输了投票，项目没有通过。但是，过后他们收到了来自美国企业研究所的一份非常全面的、有竞争力的关于这个项目评估的简报。埃德温・福伊尔纳认为这份简报足以决定这场辩论的结果，只可惜它晚了一天才被送到议员们的手里。他向 AEI 的主席巴鲁迪询问，为何直到投票之后才收到这份报告。后者给他的答复是，他们其实并不想影响投票。此时，埃德温・福伊尔纳深感成立一个新的政策组织的重要性，并且，他认为 AEI 的报告过于学术性，也太过冗长，此种形式也不利于直接、快速地影响国会议员进行决策。参考 Andrew Rich. *Think Tanks. Public Policy, and the Politics of Expertise*. Cambridge：Cambridge University Press, 2005.

② 保罗・韦里奇时任参议员戈登・阿洛特（Gordon Allortt）的新闻秘书，埃德温・福伊尔纳时任众议员菲利普・克雷（Philip Crane）的行政助理，二者后来都成为保守派中的领军人物，前者是道德多数派的提出和领导者，后者则直接领导传统基金会近 40 年。见 Andrew Rich. *Think Tanks. Public Policy, And The Politics of Expertise*. Cambridge：Cambridge University Press, 2005. 以及［美］小尤金・约瑟夫・迪昂 . 为什么美国人恨政治［M］. 赵晓力，等译 . 上海：上海人民出版社，2011：229–230.

功并在华盛顿长期立足，一定要在五个领域做得出色：使命、管理、成员、媒体以及资金。这五点中最重要的就是使命。[①]最能体现传统基金会政治使命的，当属其核心价值观。在1977年的年报中，传统基金会明确表明了对"市场解决方案、限权政府和最大化自由选择"的坚定立场。同时，在另一份声明中，传统基金会明确了将继续竭尽全力推进社会的传统价值观，其目标是"为那些相信自由企业体系、个人自由和限权政府的人们代言"。考虑到保守派（Conservative）长期以来对美国军事优势的共识，1983年，传统基金会董事会主席本·布莱克布伦（Ben Blackbrun）和总裁埃德温·福伊尔纳共同声明，传统基金会将努力"推进自由企业、限权政府、强大国防的保守主义价值观"。

至此，传统基金会形成了五条保守主义思想纲领：限权政府（limited government）、自由企业（free enterprise）、个人自由和责任（individual freedom and responsibility）、传统价值（traditional values）和强大国防（strong national defense）。[②]所谓限权政府，即政府干涉社会和市场以必要为限，尽量减少政府的规模和对于经济社会事务的干预，严格按照既定的宪法和法律框架所确定的权力范围进行活动。所谓自由企业，即相信私有部门在经济社会发展中的作用，认为自由市场和私有企业能够比政府和公共机构做出更加符合社会和人民利益的经济决策，因此政府不应干预自由企业。所谓个人自由，即个人享有某种不受政府限制的自由，政

① Lee Edwards. *Leading the Way : The Story of Edwin Feulner and Heritage Foundation*. New York : Crown Forum, 2013. P.97–98.

② Lee Edwards. *Leading the Way : The Story of Edwin Feulner and Heritage Foundation*. New York : Crown Forum, 2013. P.98.

府原则上不应该要求个人如何行为。而且，自由的个人同时是有责任的个人，但此种责任是个人对于个人自己的限制。所谓传统价值，即要秉承美国传统社会的核心价值观念，尤其是家庭观念，反对各种激进和越轨的个人生活方式，尤其是性行为，反对20世纪60年代以来青年造反运动所塑造的新潮文化和生活方式。所谓强大国防，即相信必须具有强大的军事力量才能够保卫美国的自由和和平，因而主张外交上的鹰派战略。

传统基金会在政治上的强势是以前任何智库所没有过的。不同于AEI所长威廉·巴鲁迪（William J. Baroody）强调和遵循的"思想市场平衡"，即"理性的保守主义"[①]，传统基金会从一开始就旗帜鲜明地坚持其保守主义立场，并积极主动地推进在政治上的影响力。原因在于，埃德温·福伊尔纳深刻地认识到，在当时的政治形势下去保持中立形象是很不明智的。在一次采访过程中他对记者说道："我们不会像AEI那样走到政治光谱的中央，我们会毫不避讳地坚持保守主义的立场。传统基金会的产品就是直截了当的保守主义。"[②]

旗帜鲜明的立场为传统基金会带来了超乎寻常的发展，与之相辅相成的则是这家智库对影响力的重视程度达到了美国智库前所未有的高度。突出重视对媒体尤其对国会的影响，也成为传统基金会的第二大特征。传统基金会的快速发展开始于1977年。那一年，埃德温·福伊尔纳正式上任。他上任的第一年，"资源

① Jason Stahl. *Right Moves*：*The Conservative Think Tank in American Political Culture Since* 1945. Chapel Hill：The University of North Carolina Press, 2016. P66.

② Jason Stahl. *Right Moves*：*The Conservative Think Tank in American Political Culture Since* 1945. Chapel Hill：The University of North Carolina Press, 2016. P110.

银行”（resource bank）创立，《政策评论》（*Policy Review*）创刊。两年后，他邀请保守主义运动中最有影响力的杂志《国家评论》（*National Review*）的编辑约翰·奥沙利文（John O' Sullivan）接替罗伯特·许廷格（Robert Schuettinger），担任传统基金会内刊《政策评论》的编辑。在约翰·奥沙利文的管理下，《政策评论》持续推出鲜活的、适合辩论的议题来吸引受众，迅速提升了影响力。[①]影响巨大的《政策评论》和积极主动的媒体策略为传统基金会“直截了当的保守主义”提供了重要支撑。此外，传统基金会独特的产品模式也令人耳目一新，其重要特点就是“快速回应”（quick-response）。[②]从形式上看，埃德温·福伊尔纳及其团队更注重将学者研究出来的结论进行简化，从而能够以短小精悍的形式更好地影响决策者。这种产品模式与其积极主动的营销意识一脉相承。

直接面对国会，对传统基金会而言是一项“比较优势”。埃德温·福伊尔纳曾明确表示：“我们的职责就是影响华盛顿的公共政策共同体，尤其是国会”[③]，“这就是我们坐落在麻省大道的国会山附近，而不像布鲁金斯学会一样在大道的另一端（白宫附近）的原因”[④]。李·爱德华兹解释说，传统基金会的重点在国会，布鲁金斯的重点在白宫，因为前者更加重视影响美国的立法体系，其内

---

① Lee Edwards. *The Power of Ideas*: *The Heritage Foundation At 25 Years*. Ottawa, Illinois: Jameson Books, Inc., 1997. P.39.

② Jason Stahl. *Right Moves*: *The Conservative Think Tank in American Political Culture Since* 1945. Chapel Hill: The University of North Carolina Press, 2016. P.89.

③ [加] 唐纳德·E. 埃布尔森 . 智库能发挥作用吗？公共政策研究机构影响力之评估 [M]. 扈喜林，译 . 上海：上海社会科学院出版社，2010：34.

④ Lee Edwards. *Heritage Board of Trustees Talk on Heritage History and Culture*, 2012.

在的逻辑在于国会是“政府的人民分支”。[①]

传统基金会的第三大特征在于行动上的“融合”。类似于保守主义运动史上著名的融合主义，传统基金会实际上充当了行动上的保守主义融合机构。正如乔治·纳什所言：“建立于1973年的传统基金会在20世纪80年代成为‘里根革命’的神经中枢。传统基金会在埃德温·福伊尔纳的领导下，有意识地承担了整个保守派公共政策网络的协调人、联络媒介以及信息搜集所……”[②]

值得一提的是，埃德温·福伊尔纳的前任弗兰克·沃尔顿（Frank Walton）开创的“直邮”模式——一种为当时智库界难以想象的、典型用于政治竞选的手段——后来被发挥到极致，研究产品的传播、资金的募集、政治上的影响力在这种模式下得以完美地结合。“直邮”模式一方面迅速提升了传统基金会的财务实力，并使其摆脱了之前以智库基金会、商业巨头或者政府资助为主的状况，开始走向某种类似于“众筹”的募资模式；另一方面，这种模式也扩大了传统基金会研究成果和思想产品的影响力，大量的会员为传统基金会提供经济支持的同时也成为这个机构政治上的“听众”和“粉丝”。

传统基金会不仅为保守主义的政治家提供政治活动中所需要的政策产品，也为来自全国的保守派提供教育和培训支持，成为整个保守派的人才库和资源库。一方面，传统基金会一年一度的“资源银行”会议，整合支持保守派的企业资源和资金来源，同

① Lee Edwards. Heritage Board of Trustees Talk on Heritage History and Culture, 2012.

② George Nash. *The Conservative Intellectual Movement in America Since* 1945. Wilmington：Intercollegiate Studies Institute, 1996. P.334.

时汇聚媒体等各方面的社会资源；另一方面，传统基金会也成为全国各地的保守主义知识分子和专家来到华盛顿的中转站与孵化器——他们可以在传统基金会熟悉华盛顿的环境、开展自己的研究，并将自己的研究成果通过传统基金会的平台发出去以影响实际政治。20 世纪 70 年代后期，该机构又发起了两月一期的报纸专栏——传统基金会论坛。到 1981 年，这个专栏有 450 多家报纸支持。这个论坛为不同流派的保守主义声音设置了表达渠道，也形成了一个融合各派的保守主义阵营。①

从传统基金会的三大特征不难发现，其最主要的逻辑就是政治化。政治化的同时，传统基金会也在强调自身的独立性。回顾历史，一个重要的案例是，1981 年减税政策之后，1982 年里根政府又出台了增税政策，前者和供给方经济学②的很多观点不符，而后者几乎让人质疑里根政府的保守主义立场。在所有的质疑声中，最引人注目的就是传统基金会，这家智库和税收经济协会（Economics of Taxation）联合出版了《供给方经济学文集》（*Essays in Supply Side Economics*），并组织了一个大规模的新书发布会，邀请 400 位国会议员、政府官员、学者和媒体代表参加了讨论。通过这样的宣传，传统基金会更加鲜明地展现了自己的立场——支持供给方的减税政策。③

对独立性的强调，来自传统基金会为之自豪的自我定位。李·爱

① Jason Stahl. *Right Moves*：*The Conservative Think Tank in American Political Culture Since* 1945. Chapel Hill：The University of North Carolina Press, 2016. P.90.

② 笔者翻译，以“供给方”经济学区别于中国的“供给侧”结构性改革，在概念上澄清二者的不同。

③ Jason Stahl. *Right Moves*：*The Conservative Think Tank in American Political Culture Since* 1945. Chapel Hill：The University of North Carolina Press, 2016.P.121–122.

德华兹向笔者反复说明，传统基金会推崇的是保守主义价值观，而不是共和党或者保守主义运动的附属物。20世纪70—80年代，传统基金会成为保守主义运动的重要组成部分。如今，传统基金会已经成为保守主义者的大本营，正如李·爱德华兹的新著书名所标榜的，传统基金会已经成为保守派的"领路人"。[①]

二、保守主义智库崛起："思想市场"的平衡

（一）"思想市场"旗帜下的AEI

如果说20世纪80年代成就了传统基金会，那么20世纪70年代则属于AEI。传统基金会成立伊始就以更加直接的方式影响政治，但在里根执政之前，它的实力和影响力还相当有限。AEI几经波折，终于在20世纪70年代举起"思想市场"的大旗，开始明目张胆地平衡自由主义，且充当了堡垒。

作为一家保守主义智库，AEI和后来的传统基金会一样，首先要直面的对手就是布鲁金斯学会。第二次世界大战以后，为了获得更大的影响力，布鲁金斯学会开始转向了凯恩斯主义。其主要观点有：第一，美国现在的自由经济因为更多的社会公正性而区别于原来的资本主义；第二，因为美国找到了持续发展经济的方式，所以在没有阶级矛盾的情况下，第一条完全可能实现；第三，美国正在走向社会平等，逐步取消社会阶级，因为所有的工人都在变成中产阶级，资本被有效的管理所控制；第四，社会科学家和政治

① Lee Edwards. *Leading the Way：The Story of Edwin Feulner and Heritage Foundat*ion. New York：Crown Forum, 2013.

家完全有能力进行上述的改革。这种哲学获得了广泛的认同，以至于保守主义的思潮在这时被认为是一种异端。许多保守主义个人和组织都在思考怎样打破这种自由主义的垄断。①

首先站出来的是 AEI，其抛出的“思想市场”模型很快得到了响应。1972 年 10 月，AEI 所长巴鲁迪在弗吉尼亚州的温泉城发表了题为“未来 10 年企业的角色”的演讲，使“思想市场”这一政策辩论模型广为人知。这个模型的特点就是尊重“思想市场”中不同的意识形态，并保持市场中各种观点的平衡。在整个 20 世纪 70 年代，因为保守主义智库作为主要的推动者，“思想市场”的模型逐渐取代了自由主义技术专家治国论的政策模型，成为政策辩论的主流。20 世纪 70 年代后期，当这个转型完全实现的时候，政策话语出现了向右翼倾斜的明显转变。

杰森 · 斯塔尔（Jason Stahl）对这一转变过程进行了详尽的分析。按照杰森 · 斯塔尔的分析，保守主义智库在 1980 年之前经历了两个阶段。第一个阶段是从第二次世界大战后到 20 世纪 60 年代后期，像 AEI 一样的保守主义智库必须在一个自由主义垄断的时代找到生存的方法，而这意味着否定自己的保守主义立场和政治倾向，去说他们只是一个提供事实的组织。同时，保守主义智库也在不断地探索如何更加有效地表达自己的保守主义立场，或者说，AEI 只能在智库外围实施更积极的保守主义政治计划。从 20 世纪 60 年代后期开始，保守主义智库越来越大胆地表达自己的政治立场——自由主义经济政策的危机加深了这样的改变，保守主义智库进入了第二个发展阶段。在这个时期，保守主义智库把

① Jason Stahl. *Right Moves*：*The Conservative Think Tank in American Political Culture Since* 1945. Chapel Hill：The University of North Carolina Press, 2016. P.11.

自己当成是可以和自由主义智库分庭抗礼的政策组织。

斯塔尔认为，20世纪70年代成为保守主义智库发展中关键的10年，AEI和传统基金会这样的组织成为保守派的急需。对此，美国著名学者詹姆斯·史密斯（James A. Smith）有着准确的描述：

“如果保守主义者想要成为一种能够依靠一己之力反对自由主义的思想力量，那么他们将必须建立能够与自由派相抗衡的机构。保守派相信思想有结果，但这并不意味着仅仅是历史潮流就可以将思想付诸实践。思想必须被有能力的发言人提倡起来，而他们需要一个将思想落实到操作层面的坚实根据。巴鲁迪对于资助人的推销方式是，保守主义的思想在政策辩论当中被排除在外了。他说，事实上没有真正的辩论，自由市场的思想以及有限政府的概念在华盛顿没有捍卫者。”①

从源起上看，巴鲁迪认为，自由主义者在占据政府、大学和舆论的同时，实际上垄断了“思想市场”，背离了霍姆斯（Oliver Wendell Holmes Jr.）所说的言论自由的“思想市场”。霍姆斯是美国历史上最著名的最高法院大法官之一，他曾经在1919年一个案件中专门阐述美国言论自由问题，并提出了经典的“思想市场”理论：“思想的自由交流更有助于人们通向他们所期望的终极的善。检验真理的最佳标准是看某种思想是否具有足够的力量在市场竞

① James A. Smith. *The Idea Broker*: *Think Tanks and the Rise of the New Policy Elite*. New York: The Free Press, 1991. P.177.

争中被接受。”[①] 身处“思想市场”第一线的巴鲁迪发现了自由派的垄断，他尤其发现了布鲁金斯学会与自由主义建制之间的密切关系。巴鲁迪因而着力将布鲁金斯学会标记为自由主义智库——巴鲁迪的策略是立下一个自由派的靶子,也就此立下保守派的目标。[②]

尤其是在寻求基金会的赞助时，巴鲁迪特别刻意地把 AEI 描述为与布鲁金斯学会相抗衡的存在，并用布鲁金斯学会所得到的赞助和政治影响力来刺激保守主义基金会给予 AEI 更多的赞助。越来越多的保守主义基金会理解了巴鲁迪所说的内容并慷慨相助。这些赞助使 AEI 的主要赞助方从个人、公司转向了基金会。以 1971 年 7 月到 1972 年 6 月的一年为例，这家智库 81% 的资助都来自基金会。[③] 尤其值得一提的是，福特基金会（Ford Foundation）也在这个时期赞助了 AEI，这是对“思想市场”模型的一大推进，因为福特基金会在之前一直被认为是布鲁金斯学会的支持者。

然而，1970 年之前，在 AEI 成立的 30 多年时间里，关于如何介入政治一直是一个难以抉择的问题，也曾让这家机构两度面临调查，一度面临倒闭。

AEI 的发起本来就源于商界试图影响政治的举动。当时的商界虽然掌握了巨大的经济权力，但在政治舆论当中没有一席之地，甚至成为自由主义和新左派攻击的对象，被当作资本主义的代表而受到批判。AEI 的前身是 1938 年成立的美国企业协会（American Enterprise Association, AEA），AEA 是由一批纽约商人结成的组织，

---

① Abrams v. United States, 250 U.S. 616（1919）.

② Donald Critchlow. *The Conservative Ascendancy：How the GOP Right Made Political History*. Cambridge：Harvard University Press, 2007. P.177–178.

③ Jason Stahl. *Right Moves：The Conservative Think Tank in American Political Culture Since* 1945. Chapel Hill：The University of North Carolina Press, 2016. P.56.

主要宗旨是维护自由竞争的企业制度。其创始人是约翰斯·曼维尔公司（Johns-Manville）的总裁刘易斯·布朗（Lewis Brown）。1943年，为了能够直接反对罗斯福新政，AEA从纽约迁往华盛顿。次年，AEA建立了一个经济学家咨询委员会（后演变为学术咨询委员会），延请诸如新制度主义经济学家、芝加哥大学经济学教授罗纳德·科斯（Ronald Coase）等著名学者作为其顾问，并开始展开政策研究，试图影响华盛顿的决策层。但是，当时的AEA主要的工作是依据自由市场和自由企业的理论来评价国会与政府新出台的法律及政策，更多地采取批判性而非建设性的态度来散发一些小册子或者发表媒体文章，并未直接推动新立法或者新政策的出台，对于实际政策的影响十分有限。①

AEA的第一任总裁刘易斯·布朗非常明确地阐述了AEA对自由经济的追求及其保守主义立场，他发起了三个主要项目。第一个项目是培育年轻职员的保守主义倾向。第二个项目是建立一个顾问团队，这个团队囊括了第二次世界大战时期的保守主义精英。第三个项目是向议员提供宣传册。通过向议员提供所谓客观的知识指导和政策分析，灌输保守主义思想。这样的宣传引发了众议院特别委员会（House Select Committee）的调查。②在这次调查当中，AEA的宣传被认定是一种政策游说。因为无法承认AEA的中立性和客观性，众议院特别委员会建议AEA签署游说协议。AEA最终并未签署协议，其表达保守主义观点的行动却由此大受影响。

① Donald Critchlow. *The Conservative Ascendancy: How the GOP Right Made Political History*. Cambridge: Harvard University Press, 2007. P.119.

② Jason Stahl. *Right Moves: The Conservative Think Tank in American Political Culture Since* 1945. Chapel Hill: The University of North Carolina Press, 2016. P.21.

1951 年，随着其创始人刘易斯·布朗的去世，AEA 开始进入了低谷，甚至一度因为资金短缺而面临倒闭的危险。

幸运的是，经历短暂的低谷之后，一批更有实力的商人和更为年轻的政策人士进入 AEA，推动了 AEA 的崛起。其中最为标志性的两件事，一是通用电气的总裁 A. D. 马歇尔（A. D. Marshall）担任 AEA 的总裁，并为 AEA 提供资金支持。二是威廉·巴鲁迪进入 AEA，担任副总裁，负责研究和发表工作。威廉·巴鲁迪入主 AEA 之后，很快将这个行将倒闭的研究机构改造为保守派的基地和喉舌。在他的倡议下，1961 年，AEA 正式更名为 AEI。

威廉·巴鲁迪从 1962 年开始正式担任 AEI 所长，之后执掌该所长达 16 年。在威廉·巴鲁迪的领导下，AEI 聘请了一批保守派知识分子和政治家，其中一部分是所谓的"新保守主义者"（Neo-Conservative）。这一派新保守主义者起初都是自由派，是肯尼迪的支持者，特别是约翰逊政府所谓的"伟大社会计划"（Great Society）的支持者。但到了 20 世纪 60 年代，出于种种原因，他们开始对自由主义建制不满，转而批评自由主义。这些新保守主义者虽然反对自由主义，但是最初并不愿意接受"保守主义"的称呼，甚至很多人仍然支持民主党，而不是共和党。① 新保守主义者中最为著名的是爱尔文·克里斯托尔（Irving Kristol），他被认为是战后新保守主义的教父。爱尔文·克里斯托尔是著名保守主义政治哲学家、芝加哥大学教授列奥·施特劳斯（Leo Strauss）的学生，他的儿子威廉·克里斯托尔（William Kristol）后来成为美国共和党的核心智囊，以及保守派核心期刊《旗帜周刊》（*The Weekly*

① Donald Critchlow. *The Conservative Ascendancy：How the GOP Right Made Political History*. Cambridge：Harvard University Press, 2007. P.105.

Standard）的主编。爱尔文·克里斯托尔批评美国的大学和各种基金会，认为它们虽然标榜学术自由和思想中立，但实际上都带有太强的自由主义意识形态色彩，而对于保守主义思想较为敌视、排斥和压制，恰恰不符合甚至违背了思想自由和学术自由的原则。因其在公共政策方面的贡献，AEI 专门为其设立了最高奖项“爱尔文·克里斯托尔奖”。

1964 年，威廉·巴鲁迪参与巴里·戈德华特总统竞选，让 AEI 二度被调查。那一次，在美国联邦税务局的严密调查之后，虽然 AEI 的免税地位保住了，但是这家机构也开始更加谨慎地避免任何越界和带有立法主张的观点。[①] 另外，这次事件之后，威廉·巴鲁迪决定加强 AEI 的学术研究，并开始聘请学界有声望的专业人士加盟。[②] 这为之后 AEI 在“思想市场”的旗帜下发挥重要作用奠定了人才基础，也开启了 AEI 的稳健发展时期。

到了尼克松当政时期，AEI 的影响达到了顶峰，一些 AEI 的职员也开始直接进入政府任职，如穆雷·韦登鲍姆（Murray Weidenbaum）任职于财政部，罗伯特·伯克（Robert Bork）进入司法部，等等。[③] 标志性事件发生在 1976 年，福特总统卸任之后进入 AEI 担任“杰出研究员”（Distinguished Fellow），这让 AEI 在政界名声大振，其财务实力和公共影响力也达到了前所未有的高度。到 1977 年，AEI 每年的公关项目经费达到 160 万美元，拥有

① ［美］安德鲁·里奇 . 智库、公共政策和专家治策的政治学［M］. 潘羽辉，等译 . 上海：上海社会科学院出版社，2010：63.

② James A. Smith. *The Idea Broker*：*Think Tanks and the Rise of the New Policy Elite*. New York：The Free Press, 1991. P.177.

③ Donald Critchlow. *The Conservative Ascendancy*：*How the GOP Right Made Political History*. Cambridge：Harvard University Press, 2007. P.120.

118 本出版物，分送到 400 多所大学，并且其研究成果被全国 700 多家电视台接收。[①]

由此，AEI 在威廉·巴鲁迪的领导下成为美国企业界发出“自由市场经济、减少政府管制”呼声的总站，也成为美国保守主义运动中经济自由派的体制化力量。

（二）“另类”的胡佛和加图研究所

在保守主义崛起的过程中，其他保守主义智库也起到了比较重要的作用，著名的包括胡佛研究所和加图研究所（The Cato Institute），这是两家颇具特色的甚至可以说是“另类”的保守主义智库。

胡佛研究所成为保守主义智库中的另类，原因在于这是美国唯一一家存在于大学之中的保守主义智库。[②] 胡佛研究所隶属于斯坦福大学，其最高权力机构是该所董事会，也就是说“最终决定胡佛研究所事项的永远是胡佛研究所自身”[③]，而不是斯坦福大学。胡佛研究所全称“胡佛战争、革命与和平问题研究所”，是斯坦福大学校友、美国前总统胡佛于 1919 年捐赠 5 万美元成立的，当时的宗旨在于大量搜集和存储涉及第一次世界大战与第二次世界大战的史料，为研究提供基础。最初，它更多的是作为一个图书资料所来运作，并不具有特别强的政治倾向。直到 1960 年，在胡佛本人的强力推动

① Donald Critchlow. *The Conservative Ascendancy：How the GOP Right Made Political History*. Cambridge：Harvard University Press, 2007.P.119–121.

② James A. Smith. *The Idea Brokers：Think Tanks and the Rise of the New Policy Elite*. New York：The Free Press, 1993. P. 184.

③ 2018 年 1 月笔者对胡佛研究所迈克尔·G. 弗兰克的访谈。

下，胡佛研究所才开始了自己的意识形态智库之旅。

在胡佛研究所智库化的过程中，有一个名字不得不提——格伦·坎贝尔（W. Glenn Campbell）。作为哈佛毕业的一位经济学家，坎贝尔曾经在美国商会工作，并在AEI担任过6年的研究部主任，后来被胡佛聘请担任胡佛研究所所长。正是在格伦·坎贝尔和威廉·巴鲁迪的共同推动下，"思想市场"的模型才得以在保守主义智库中风行。格伦·坎贝尔从一开始就明确了自己的目标，即通过体制性的力量来反对流行于美国大学中的自由主义。[①] 他上任之后即向西部地区具有保守主义倾向的企业家筹款，为胡佛研究所的研究打下财务基础。在他的领导下，胡佛研究所迅速成为具有相当影响力的保守主义智库。在他25年的所长任期之内，胡佛研究所云集了经济学家弗里德曼、乔治·斯蒂格勒（George Joseph Stigler）、肯尼斯·阿罗（Kenneth J. Arrow）和政治学家利普赛特（Seymour Martin Lipset）等一批著名的保守派学者。

胡佛研究所与里根的渊源极深，对其影响也甚大。里根自从1967年成为加州州长开始就与格伦·坎贝尔交往，并经常去胡佛研究所参加活动。1975年，里根将担任加州州长期间的大量文件赠送给胡佛研究所，胡佛研究所也授予了里根荣誉研究员的称号。后来里根当选总统之后，格伦·坎贝尔随即入阁，担任教育政策小组组长。[②] 在传统基金会推出《领导人的职责》之前，胡佛研究所就推出了《80年代的美国》（*The United States in the Eighties*），

① James A. Smith. *The Idea Brokers*：*Think Tanks and the Rise of the New Policy Elite*. New York：The Free Press, 1993. P. 186.

② 丁幸豪.里根的"思想库"——胡佛研究所和乔治城大学战略和国际问题研究中心［J］.国际展望，1981（1）：11–12.

这本政策报告对于里根胜选和执政都发挥了重要作用。另外，值得一提的是，为了更好地传递政策并更方便地与政策制定者互动，2001 年，胡佛研究所华盛顿特区分部成立。最近几年，胡佛研究所进一步拓展在华盛顿地区的业务，从而为华盛顿特区的胡佛研究人员创造一个“面向关键受众”的“前哨基地”。[①]

另一家“另类”的保守主义智库是加图研究所，其另类的价值观甚至让人难以将其归入保守主义智库之列。加图研究所成立于 1977 年，其秉承的自由至上主义（libertarianism），不但反对以布鲁金斯学会为代表的自由主义（支持政府干预经济），也反对以传统基金会为代表的保守主义（支持政府干预文化道德问题）。在加图研究所的自由至上主义哲学看来，政府的唯一任务就是为私有财产、个人自由和国家安全提供保障，除此以外无论对于经济还是道德事务都应该采取放任的态度。这种彻底的价值观尽管逻辑上明快，但在美国的现实政治中，更像是一种自由主义和保守主义的混合体。

值得注意的是，加图研究所创始人克雷恩（Ed Crane）曾担任美国自由至上主义党（Libertarian Party）主席。当时，自由至上主义者试图通过自己的政党介入政治，但他们很快发现，在已经成形的两极化思潮下，自由至上主义实在应者寥寥，自由至上主义党在美国两大政党的框架之下也很难获得立锥之地。据介绍，1972 年成立之初，自由至上主义党只能获得一两个州的选票，即便到了 1980 年保守主义全盛时期，该党获得的总票数也没能超过

① 胡佛研究所官方网站 https：//www.hoover.org/about/timeline, https：//www.hoover.org/dc。

100 万。[①] 相比之下，布鲁金斯学会和 AEI 的影响要大得多。克雷恩曾经慨叹说，我完全把智库看作参与公共政策讨论的一种突出、影响巨大的途径，现在也是一样。只要处理得当，用较少的钱，你就能在国内政论市场获得关注。[②]

要建立一家自由至上主义智库的想法出现没多久，克雷恩就找到了另外三位合伙人。四人一拍即合，克雷恩与查尔斯·科赫（Charles Koch）、大卫·科赫（David Koch）和威廉·尼斯坎南（William Niskanen）决定共同发起加图研究所。科赫兄弟是著名的科氏工业集团（Koch Industries）的共同所有者，这两位超级富豪的一大特点是政治立场鲜明且游说活动积极，弟弟大卫·科赫曾于 1980 年作为自由至上主义党候选人竞选美国副总统，两人在加图研究所成立初期给予了鼎力支持。充裕的资金支持让这家机构有足够的底气宣称“加图研究所不接受政府资助”[③]，从而保证它在政治上的独立性。而另一方面，四位发起人对加图研究所的影响可谓深远，尤其是他们主导设计的独特的股权结构，强有力地形成了对该所的内部控制。区别于其他非营利性智库组织的董事会主导制，加图研究所由这家智库的股东，也就是四位发起人主导。由此，加图研究所的政治立场鲜明且一以贯之，而控股权形成的祸根也就此埋下。

一家智库要获得足够的影响力，除了人力和财力的支持，还要有足够好的“地利”，这方面，当然没有任何一个城市能和华盛

① 2016 年 2 月笔者对加图研究所特雷弗·伯勒斯（Trevor Burrus）的访谈。

② ［美］安德鲁·里奇．智库、公共政策和专家治策的政治学［M］．潘羽辉，等译．上海：上海社会科学院出版社，2010：46.

③ 加图研究所官方网站 www.cato.org。

顿相比。加图研究所的创始人很快意识到了这一点，并于 1981 年从旧金山迁址华盛顿。同年，加图研究所开始提供公共政策服务。加图研究所的名字起源于 18 世纪，一批自称为加图的学者把约翰·洛克（John Locke）的观点运用到解决英国的实际事务中去，而加图研究所的创始人也主张把约翰·洛克、哈耶克（Hayek）、弗里德曼等人的观点运用到实际生活中。在加图研究所漂亮的办公楼一层大厅，随处可见哈耶克等人的老照片——哈耶克的《通往奴役之路》（*The Road to Serfdom*）也堪称加图研究所的“圣经”。[①] 虽然加图研究所并不像传统基金会那样通过政治营销来推行其政治理念，但它对推动自由市场意识形态在 20 世纪 80 年代的流行起到了重大作用，为里根保守主义政治贡献了重要的思想和舆论氛围。

在笔者对加图研究所的访问过程中，虽然该所的管理者和研究员反复强调自身并非保守主义智库或党派智库，但其对“里根革命”的推动作用并不讳言。让他们自豪的一件事是，其发起人之一的尼斯坎南曾经执掌里根政府的总统经济顾问委员会（Council of Economic Advisers）。

① 2016 年 2 月笔者对加图研究所特雷弗·伯勒斯的访谈。

访谈实录：传统基金会的政治逻辑

访问时间：2015 年 2 月 11 日

访问机构：传统基金会

访问人物：埃德温·福伊尔纳

埃德温·福伊尔纳是保守派智库传统基金会的创始人和第三任、第五任总裁。他于 1973 年以创始理事的身份加入传统基金会，1977 年开始担任总裁，2013 年美国前参议员吉姆·德敏特继任总裁。2017 年 5 月，埃德温·福伊尔纳再次由理事会选举为传统基金会总裁直到当年年底。

埃德温·福伊尔纳曾于 2005 年担任金戈里奇–米切尔国会联合国改革特别小组（Gingrich-Mitchell Congressional UN Reform Task Force）成员，于 1999 年至 2000 年担任国会国际金融机构委员会［Congressional Commission on International Financial Institutions, 又称为梅尔策委员会（Meltzer Commission）］成员，并在 1995 年至 1996 年出任美国国家经济增长及财税改革委员会［National Commission on Economic Growth and Tax Reform，又称为坎普委员会（Kemp Commission）］的副主席。此前，他曾在 1982 年至 1991 年出任美国公共外交咨询委员会主席。埃德温·福伊尔纳还担任过里根的国内政策顾问及数个政府部门与机构的顾问。

在担任传统基金会总裁之前，埃德温·福伊尔纳是共和党研究委员会的执行理事。共和党研究委员会成立于 1973 年，是众议院共和党的一个组织，旨在推进众议院中保守派的社会和经济政策议题。

传统基金会与共和党研究委员会及“传统行动”

提问：您是传统基金会的创始人，也是共和党研究委员会的创始人。这两者有内在的联系吗？

埃德温·福伊尔纳：共和党研究委员会是我职业生涯中的早期阶段，当时我在国会工作，我意识到共和党需要党内组织（internal organization）和党外压力集团（pressure group）。在45年前的共和党内，需要有人去提醒资深的共和党成员当初他们为什么会被选举出来，选民对他们的期待是什么。他们不能仅仅为总统尼克松（当然，他也是共和党员）背书，还要去做选民需要的工作。所以，共和党需要外部压力集团。但是那时，还没有致力于为国会提供及时、可靠信息的外部智库。这就是我既是共和党研究委员会的创始者，又是传统基金会的创始者的原因。我们更倾向于从保守主义的角度去考虑事情、研究问题。AEI与我们不同，它不会试图影响国会，他们的模式是，谁去找他们，他们就跟谁谈话。总之，当时的环境与现在很不同。那时，我们看到了这个机会，也抓住了这个机会，通过国会影响政策。我们最初的想法是，让传统基金会进入共和党研究委员会，之后通过国会影响政策。目前，传统基金会仍然跟共和党研究委员会保持着密切的工作关系。两周前，我们在弗吉尼亚主办了保守派的高官非正式会议，大概有48位白宫众议员与会。

提问：传统基金会和共和党研究委员会在2013年的分离，是否与您创立的“传统行动”（Heritage Action）有关？很多人认为“传统行动”太政治化了。

埃德温·福伊尔纳：传统行动和传统基金会是相互独立的、不同类别的组织，有不同的人员、不同的财务，分开筹资。基金会确实跟"传统行动"有密切合作。传统基金会负责研究、沟通，而"传统行动"负责宣传、游说。我们2010年建立"传统行动"，是为了让这一系列活动更加完整。当然，我们也担心它可能会给我们的出版、研究染上政治的色彩，这不是我们想要的。我们是偏右的，我们将会做一件之前没有做过的事情。有的时候，如果你这么做，你可能会犯错，可能会做过头，这次是做得还不够。我们仍然在努力寻求一个平衡点——在研究与沟通、传统基金会和"传统行动"之间。这是一个复杂的结构，我们仍然在努力寻找办法看如何能够运转起来。

提问："传统行动"是不是和共和党研究委员会的功能有重合呢？二者都侧重于政治的游说。

埃德温·福伊尔纳：不。我们的目标是，"传统行动"将研究成果从外部输入共和党研究委员会，并且提醒它。"传统行动"现在有1万名积极的领导者遍布全国，这1万名积极的领导者代表了共和党研究委员会的核心支持者。必须让国会做出正确的选择，否则他们可能会做错事。

"传统行动"也和国会议员一起工作。它和传统基金会是保守派议员的共同支持者，如前所述，两者关系很密切，但角色不同。而且现在更复杂了，因为我的继任者在过去的两年里，在伦理原则下，不能直接跟他之前在国会的同事或者其他议员进行沟通。不过，他现在已经可以和他之前的同事进行很好的沟通。我告诉他，有一件事你必须得很小心，即关注你的前同事和你的新同事。我说过，你不能逼迫传统基金会的研究人员为某项政策背书。譬如，有人说，我有了一个新的主意，中美军事关系应该怎样，我想让传统基金会来背书。我会说，把你们的论文给我，我会带给我的人让他们读一读。

至于实质性关系，确实是一条比较模糊的线。比如你看香肠的制作过程，其实并不怎么美好。如果有一项成功的法律在国会通过，并且被总统签署了，不论谁是总统，你回到起点，就会发现很多事情。很多人、很多组织、很多游说集团，在这个过程中都有自己的一席之地。因此，你只能希望它可以在正确的方向上前进。

这涉及传统基金会的价值观，随着时间推移，情况变化了，你必须想办法知道自己的利益、兴趣该如何集中，但无论如何，我们所坚信的基本原则没变。

传统基金会如何平衡研究、营销和游说

提问：作为传统基金会的创始人和领导人，对你个人而言，哪种能力更重要？筹资、研究还是营销？

埃德温·福伊尔纳：我本科学的是文学，之后在沃顿商学院读了 MBA，然后在伦敦经济学院和乔治城大学就读经济学，最终取得了政治学博士学位。作为传统基金会的 CEO（首席执行官）和总裁，我尝试尽可能多地授权。我的 CIO（首席传讯官）知道谁做什么研究。每周我们会讨论一次不同的话题。我个人的兴趣在于美国和亚洲的关系。当我的同事讨论到奥巴马关心的条款或者医疗改革问题时，我会感到很困惑。但是当谈到美国的亚洲政策，无论是贸易政策还是安全政策时，我都会感到很兴奋。但我的主

要工作是协调，保证研究成果能够出来，出版能够顺利进行，营销以有效的方式开展。我的角色就像一个销售员，这就意味着我要走出去，讲述传统基金会的故事，并说服人们：传统基金会站在与他们相同的视角看待这个世界，因此传统基金会值得他们支持。我猜这可能有点儿令人吃惊，因为当我在共和党研究委员会的时候，我能够做自己的研究，贡献出几个章节或者一本书之类的，我觉得我对外国经济体系以及一些类似的问题有一定的见解。但是我来到这里之后，我是“对外先生”（Mr. Outside），去参加会议或者研讨会，我的论文基本都是由其他人给我准备的。因为我得经常出去见一些人，他们会给我们提供支持。如果我需要芝加哥的捐助者的话，我会出去会见芝加哥主要报纸的编辑委员会，然后我会讲传统基金会的故事。如果有人问我们对克林顿的医疗改革有什么见解，我会说，这些是我们所坚信的基本原则。如果你需要任何其他细节，我会发给你一篇论文或者征求我同事的意见……

退休后，我挺享受这样的清闲，不必为管理300个人或者为每年筹集8500万美元或者9000万美元而犯愁，我可以停下来休息，认真思考，回到研究状态。但是，做一个智库的领导，意味着你是组织的门面，你必须讲好这个组织的故事，特别是与一个新的群体交流的时候。因为传统基金会已经画好了饼，它的大小已经确定，我们要做的事情有点儿像是拿一个锤子，凿开一条缝进去，影响华盛顿的决定。如果你是新人，你就很难获得那种影响，因为其他组织不想让新人加入。所以，对外的门面很重要，可信性很重要。新的智库，比如彼得森国际经济研究所（Peterson Institute for International Economics，PIIE），老牌的智库，比如战略与国际问题研究中心（CSIS）、布鲁金斯学会、卡内基国际和平基金会，这些智库的运作经验，在过去几十年里已经非常丰富。但是对于一个今天出现的新组织而言，特别是一个什么都想做的智库，包括金融、安全、政府监管等，你会感到很难找到进入的方法，今天比过去更有挑战性。

在过去的40年里，传统基金会已经建立了一个遍及全国的会员模式。事实上我曾经和拉夫·纳塔特（Ralf Natator，一个对于传统基金会感到不是很舒服的人）陷入一场争论之中。他说，传统基金会最初是约瑟夫·库尔斯捐了钱，这是他的名字出现在我们的名单上的原因。我会说，我们有成百上千的成员，自愿支持我们，你们有多少？他们的资金支持来自政府，或者不同的实体组织。我认为，当一个智库成立超过40年以后，最重要的事情之一就是资金来源渠道。40年前，有60万美国人可能会问，智库是什么？但现在有60万美国人会自愿给我们送来支票。

提问：60万会员是一个很大的数字，你们是如何做到的？

埃德温·福伊尔纳：这个问题很复杂，我简单来讲。在美国，有一个很成熟的行业叫作“直邮营销”，可能在全世界来看都很独特。据我所知，世界其他地方没有这种方式，现在用电子邮件沟通非常便宜。在“直邮营销”过程中，我们发现，有一群人的状态每年都不更新，可能是因为他们去世了，或者因为他们的兴趣转移了。比如某些人对税收改革不是很感兴趣，对国防建设很感兴趣。所以，我们总是不停地去找新人，以便替代那些“逝去”的人。我说过要把传统基金会变成百万人级别的基金会，但是那样的话成本会很高昂而且实行起来会很困难。

提问：除了融资渠道，对于传统基金会，还有哪些方面是重要的？比如，如何权衡研究和营销或传播的关系？

埃德温·福伊尔纳：很久之前，《华盛顿邮报》的一个左翼评论家威廉·罗斯贝里（William Raspberry）曾经在午餐时对我讲过一件趣事："我愿意接受一个具有传统基金会背景的人，因为我知道我可以指望他研究过程中所陈述的事实，尽管我往往会直接扔掉最后两页的结论。"如果能让《华盛顿邮报》都同意我们所陈述的事实，那我们一定干得不错了。所以，研究很重要，研究必须可信，我们要能够保证这些数字是正确的，那些观点是有道理的。有人可能会持相反的观点，从他们自己的角度出发。但是一个决策者，或者是像我这样的人，对他的专业并不在行，读了他的研究会说 Yes，这是首要的事。对于传统基金会而言，营销和研究一样重要，否则，我们在研究方面所做出的努力都只会停留在书架上，没人会读，没人会注意。所以，如果想让机构向前发展，传播、公关、媒体等工作需要做得有效果才行。

据我了解，CF40（中国金融四十人论坛）的理事绝大多数是企业家，我们的董事会主要也是企业家，他们从小的商业起步，发展得非常成功。比如，我们的主席托马斯·桑德斯（Thomas Saunders）是摩根士丹利的领导。所以，给他们看一份 500 页的报告不会让他们印象深刻。但是如果我们告诉他们，我们试图改变国会关于某个议题的意见而且我们已经把观点变得更保守了，他们就会很高兴。

提问：你们如何平衡市场营销和游说？华盛顿智库圈一些人告诉我们，过去两年来，传统基金会越来越像一家政治机构了，研

究人员变得不重要甚至逐渐离开。这涉及您的继任者。

埃德温·福伊尔纳：过去两年，我跟我的继任者相处融洽，我们经常见面，并且交换意见，但我不对他的做法指手画脚。作为董事会成员，同时也是他的前任，我很支持他要走的方向。他是从美国的国会议员变成一个研究机构的管理者，这是一个巨大的变化。是的，会有那么一点儿你可能会称之为“试用期”的问题。但是今天我认为，他和这座楼里的人的关系是紧密的，他也带来了一些他自己的人,整合了新人。可能会有一些管理上的情况出现，比如一些人晋升了，一些人可能没得到他们想要的就走了，这种事经常发生。我认为他正在学习做一个智库的领袖。他比我勤奋，他无处不在，他可能今天在德州明天在加州，他是一位高效的“对外先生”，也是一个很有效的传统基金会的推销员。关于营销问题，每个月我们会与全国各地的传统基金会的成员进行一次电话会议，可以让 800 人打进来，上周我和我的妻子在家听了这个电话会议。我认为 17000 人同时在线，比一个 3000 名听众在场的会要更好。这是一个让人印象深刻的互相接触的办法。技术进步了，我们也在进步。

中国金融四十人论坛
CHINA FINANCE 40 FORUM

第二章

保守主义智库的历史契机

要理解美国意识形态智库产生的根源，就必须追溯美国20世纪中期开始的社会思潮的变迁，充分理解保守主义运动。保守主义运动开始于1945年，高潮出现在20世纪60年代，尤其体现为思潮之争与党派之争的融合。之后在20世纪80年代里根革命时期，美国见证了保守主义理念从理论到实践的巨大转变。[①]

保守派在20世纪80年代的胜利，对共和党而言一定意义上是收复失地。19世纪中期美国两党制确立以后，多数时间内都是共和党执政，民主党执政的历史不过三四十年，而“共和党甫经诞生就成为美国最大的政党”，别称“老大党”（Grand Old Party, GOP）。共和党在诞生后的数十年中，成为在全国居民占压倒多数的地区内席位占压倒多数的政党。并且，从19世纪50年代直到20世纪30年代的富兰克林·罗斯福新政时代，共和党一直保持着这样的地位。[②]历史的转折点是20世纪30年代出现的美国大萧条，这让共和党人备受指责，美国政府在罗斯福的领导下走入民主党执政时期。

1964年，戈德华特竞选的惨败，证实了新政自由主义的鼎盛，也似乎证实了托马斯·杜威（Thomas Dewey）的“民主党每次竞选

① George H. Nash. *The Conservative Intellectual Movement in America Since* 1945. 1996. P.329.

② ［美］小阿瑟·施莱辛格. 美国共和党史［M］. 复旦大学国际政治系，译. 上海：上海人民出版社，1977：5.

必胜，而共和党每次必败”这一预言。[①]虽然保守主义经过了将近20年的准备，但是在树大根深的自由主义建制面前仍然过于稚嫩和弱小，无法撼动自由主义在各个具体政策领域的支配地位。[②]保守主义不能仅仅是一种思想，而必须变成一种体制化的力量才能够真正在政治斗争当中取得胜利。

本章试图交代，20世纪60年代到80年代的20多年间，融合主义和里根总统集聚保守主义各派力量，使保守派从边缘化的政治地位成功崛起为执政力量。美国保守主义智库抓住这一历史契机迅速崛起，不仅成为保守派在思想上的体制化支持力量，也因为保守派的掌权得以更猛烈地介入政治，并发挥了重要作用。

一、自由主义建制与文化内战的开始

自由主义在美国有广义和狭义之分。广义上的自由主义一直是美国的总体政治传统和政治文化。其核心观念是强调个体的自由先于政府的建立，政府的建立是为了保护个人的生命、财产和自由，政府未经正当程序不得剥夺个人的权利和自由。自由主义孕育于美国殖民地时期的自治精神中，有着深厚的清教思想渊源，并且鲜明地体现在美国革命的政治行动之中，于革命之后奠定在美国的宪法体制中。从狭义上讲，在当代美国政治当中，一般所

① ［美］小阿瑟·施莱辛格．美国共和党史［M］．复旦大学国际政治系，译．上海：上海人民出版社，1977：5.

② Donald Critchlow. *The Conservative Ascendancy*：*How the GOP Right Made Political History*. Cambridge：Harvard University Press, 2007. P. 105. James A.Smith, *The Idea Brokers*：*Think Tanks and the Rise of the New Policy Elite*. New York：The Free Press, 1993. P. 173.

谓的自由主义的意识形态及其政策体系均是指罗斯福的新政自由主义（New Deal Liberalism）。在英文文献中，为了区别二者，狭义的自由主义一般用“Liberalism”表示，广义的自由主义则用“liberalism”表示。

广义的自由主义在不同的历史时代也有不同的具体界定。在美国建国初期，特别是内战之后废除奴隶制时期，自由主义典型地体现为“自由劳动”（free labor）的意识形态，因而成为市场放任的自由主义。[①] 与之相伴随的是，从 19 世纪后半期一直到 20 世纪 30 年代，市场放任的自由主义都占据着美国的政治和社会主流，其典型地体现在美国最高法院 1905 年宣判的“洛克纳诉纽约”一案之中。[②] 在该案当中，美国最高法院认为纽约州一项规定面包师最长工作时间的立法违反宪法中的契约自由条款而无效，从而将美国带入了所谓的“洛克纳时代”（Lochner Era）。在这个时代，任何政府试图干涉市场经济的法律和政策都会被美国联邦最高法院宣告为违宪，无论是涉及最低工资还是最高工时，或者调整劳资关系，等等。

1929 年至 1933 年，席卷全世界的经济危机到来，情况也发生了变化：罗斯福新政大行其道，美国自由主义经历了最为深刻的变迁。之前的自由主义总体上意味着政府干预经济是例外，而罗斯福新政之后，政府干预经济则成为常态。从罗斯福时期开始，新政自由主义取代了市场放任的自由主义，成为美国自由主义的主流。

---

① Eric Foner. *Free Soil*, *Free Labor*, *Free Man*. Oxford：Oxford University Press, 1995.

② Lochner v. New York,1905.

（一）新政自由主义的巅峰与意识形态上的分裂

罗斯福奠定的新政自由主义从20世纪30年代在美国占据主导地位，到20世纪50年代达到了顶峰。

新政自由主义在第二次世界大战之后持续成为美国的主导意识形态，主要体现在几个方面。在国内政策上，沿用凯恩斯主义，强调政府对经济的调控，主张劳资双方的和解与平衡，促进国内经济增长，并同时加大新政福利计划的推行。在国际政策上，遏制以苏联为代表的国际共产主义和社会主义，因而被称为"冷战自由主义"（Cold-War Liberalism）。此外，自由派力图延续新政的趋势，运用政府力量来改造社会，特别是改变之前的种族不平等现象。1954年，美国最高法院在著名的"布朗诉托皮卡教育委员会案"[①]中宣布，教育领域的种族隔离违反美国宪法第十四条修正案中的平等保护条款，因而在宪法层面种族隔离制度被废除。随后，民权运动受到最高法院的鼓舞而风起云涌，最终在马丁·路德·金（Martin Luther King Jr.）的领导下形成了全国性的势力，并在1964年通过了《民权法案》（Civil Rights Act），在社会经济领域实现了种族平权和反对歧视。

更为重要的是，在20世纪50年代的政治意识中，自由主义是美国唯一的传统，美国既没有欧洲的封建主义传统，也没有英国式的伯克保守主义，更没有欧洲大陆19世纪兴起的社会主义传统。在这个时期，自由主义并非美国国内任何一个政治派别的意识形态，而是美国的一种总体政治文化和意识形态。"美国的黑

① Brown v. Board of Education of Topeka, Opinion; May 17, 1954.

格尔”路易斯·哈茨（Louis Hanz）及其著名的《美国的自由主义传统》（*The Liberal Tradition in America*）就是此种政治意识的最典型代表。哈茨在书中写道，“美国是由那些从旧世界的封建压迫和教权压迫中逃离出来的人拓殖的。在此意义上讲，假如有什么与民族传统本身一样古老的东西的话，那么，在西方历史中美国社会突出的一点就是不存在那些压迫。或从广义上讲，因为对那些压迫的反动便是自由主义的，所以美国社会就是一个自由主义的社会”。[①]

在路易斯·哈茨看来，以新教文化为母体的个人主义、企业竞争、市场经济和自由政府都是美国自由主义传统的组成部分。对于美国来说，政府的首要任务是创造一个公平竞争的市场环境，并通过磋商和利益整合来解决社会问题与社会冲突，而不是通过社会革命从根本上改造社会生活。因而，对于美国自由主义传统的最大威胁并不是国内的工人阶级运动，而是国际上的共产主义运动。彼时，自由主义在美国的统治地位如此稳固，以至于保守主义者将其称为“自由主义建制”，用以形容自由主义掌控的制度性力量，包括各种基金会、精英大学、出版社、研究机构、报纸和电台等。[②]

在政治上，罗斯福的民主党一连赢了5届总统和国会选举，共和党则完全处于劣势：“在1942年的中期选举中，共和党人赢得了众议院209个席位中的47席。这是自20世纪30年代以来共和党人在众议院中获得的最高席位。在此之后的1944年至1990

① ［美］哈茨 . 美国的自由主义传统［M］. 张敏谦，译 . 北京：中国社会科学出版社，1991：3.

② James Smith. *The Idea Brokers, Think Tanks and the Rise of New Policy Elite*. New York：The Free Press, 1991. P.169.

年，共和党人仅有两次超过这一数目。”[①] 在大学当中，新政自由主义也占据了思想的主流：“凯恩斯的经济学完全压倒了自由市场观念。”[②] 那个时期，甚至在大学里教授哈耶克的经济思想都是受到禁止的。[③] 自由主义的建制如此强大，以至于 1949 年美国自由主义历史学家小亚瑟·施莱辛格（Arthur M. Schlesinger Jr.）在其名著《中枢》（*The Vital Center*）中如此写道：“对于一代人而言，美国自由主义有着积极而自信的光环。……在我大部分的政治意识中，美国是一个新政国家，我希望它继续保持为一个新政国家。”[④]

当时新政自由主义在美国占据如此优势的统治地位，以至于自由主义者开始呼吁“意识形态的终结”（the end of ideology），即无论在国际还是国内都应该反对意识形态化的政治，而致力于具体问题的经验主义解决。在国际上，鉴于自由主义者将极权主义的主要特征归结为意识形态，冷战时期自由主义者便致力于将自由主义本身描述为非意识形态化的，甚至是反意识形态化的。一些著名的社会学家和政治学家，丹尼尔·贝尔（Daniel Bell）、爱德华·席尔斯（Edward Shils）、汉娜·阿伦特（Hannah Arendt）、雷蒙·阿隆（Raymond Aron）等在这方面扮演了重要角色。[⑤] 意识形态终结论不仅仅在国际层面具有鲜明的政治含义，在美国国内也是如此。其实际的效果就是确立自由主义作为唯一的意识形态，

---

① [美] 小尤金·约瑟夫·迪昂．为什么美国人恨政治 [M]．赵晓力，等译．上海：上海人民出版社，2011：146–147.

② 李强．自由主义 [M]．北京：东方出版社，2015：112.

③ 2016 年 2 月笔者对加图研究所大卫·鲍兹（David Boaz）的访谈。

④ [美] 小尤金·约瑟夫·迪昂．为什么美国人恨政治 [M]．赵晓力，等译．上海：上海人民出版社，2011：115–116.

⑤ 李强．自由主义 [M]．北京：东方出版社，2015：124.

其他意识形态不能对其形成挑战。

后来的历史表明，意识形态的斗争远未终结。在 20 世纪 60 年代，哈茨式的美国自由主义和谐体制受到了各种力量与事件的挑战，日趋动摇。美国人对于美国自由主义中传统、自由和平等等词语和原则究竟意味着什么，开始产生怀疑和争论，进而分裂成为自由派和保守派。自由派在经济事务上主张政府干预，通过合理的法律改革和政府规制去除社会不平等。而在道德文化领域，自由派主张不断去除政府对于个人生活的各种管制，实现自由化。保守派在这两个问题上的立场与自由派完全相反。在经济上，保守派主张恢复到美国历史上曾经出现的自由放任经济，充分发挥市场和企业的自主创造力。而在道德文化问题上，保守派则极力主张通过政府和法律来维护传统的家庭、社区及社会道德与伦理，反对新思潮和风尚对于传统价值的冲击与改造。

实际上，无论是自由派还是保守派，都开始逐步超越哈茨所谓的美国自由主义传统，试图通过新的思想和方案来解决美国新的社会问题。[①] 例如在种族问题上，平权行动（affirmative action）以及约翰逊总统的“伟大社会计划”都试图通过法律改革来实现黑人的民权，特别是在社会领域与白人平等的权利，如废除在教育领域的黑白种族隔离。这就带来了一系列的意识形态问题：既有的种族隔离制度是否符合《独立宣言》（*The Declaration of Independence*）里“所有人都生而平等”的信条？平权行动究竟是符合平等原则还是否定了平等原则？对黑人的法律和政策上的照

---

① David M. Ricci. *The Transformation of American Politics：The New Washington and the Rise of Think Tanks*. New Haven：Yale University Press, 1993. P.64.

顾是否与美国自我奋斗的自由主义传统相一致？[①] 围绕这些问题的争论，很快就将具体的政策问题上升到意识形态层面。

对外战争问题同样撕裂了美国。20 世纪 60 年代，约翰逊政府加入越南战争，随着战争的进行，美国人发现这场战争似乎没有终点，一场围绕战争正当性的争论越发激烈。其中很重要的问题是，对于美国在国际社会上的角色定位，美国社会并没有确定的答案，而是陷入了犹疑和争论。[②] “随着伤亡人数的增加以及美国炸弹对越南北部和南部的狂轰滥炸，‘冷战’外交政策的共识开始动摇。战争使‘伟大社会’改革的大部分计划受到搁置或推迟，并使家庭、大学和民主党陷入严重的分裂之中。鉴于包括自由派和保守派在内整个政治领导阶层在 20 世纪 60 年代的大部分时间内都致力于支持越战，年轻一代的激进分子对‘体制’丧失了所有的信心。……反对越战因此成为一种组织原则，它将带有各种怀疑和不满的人团结起来。”[③]

在经济问题上同样存在重大争议。在 20 世纪 40—50 年代，无论人们如何争论经济问题以及政府管制市场的合理性与方式，论辩的各方都有一个前提性的共识：经济增长能够促进社会的整体福利，问题仅仅在于如何合理地分配经济增长的成果。然而，20 世纪 60 年代以后环境保护问题日益严重，环保主义者开始在社会上大力推动大众环保意识的提高，经济增长本身已经无法想当然地意味着好事。在著名的《寂静的春天》(*Silent Spring*) 中，

① David M. Ricci. *The Transformation of American Politics*：*The New Washington and the Rise of Think Tanks*. New Haven：Yale University Press. 1993. P.64–65.

② David M. Ricci. *The Transformation of American Politics*：*The New Washington and the Rise of Think Tanks*. New Haven：Yale University Press. 1993. P.66.

③ [美] 方纳 . 给我自由（上册）[M] . 王希，译 . 北京：商务印书馆，2010：1293.

瑞秋·卡逊（Rachel Louise Carson）探讨了滥用DDT杀虫剂对生态环境的危害，警示大众要提高环境保护意识，改变对科技和经济增长的迷信，否则将造成无法挽回的生态恶果。此书出版后在美国社会引起轩然大波，一方面该书观点饱受争议，另一方面也把以往游离在大众视野之外的环保问题引入公共议程。[①]

此外，1973年爆发的能源危机也促使美国人开始反思经济持续增长的可能性以及能源枯竭的可能性。也正是在1973年，美国陷入了第二次世界大战后最为严重的滞胀危机。一方面，经济增长停滞；另一方面，通货膨胀居高不下，这种矛盾的现象挑战了之前新政自由主义的经济学。越战惨败、布雷顿森林体系崩溃等一系列事件，唤醒了“沉默的大多数”，也让保守主义有了可以崛起的历史机遇。

（二）新左派与反文化运动的挑战

然而历史地讲，率先批判和挑战自由主义建制的并不是保守主义者，而是偏左的新左派（New Left）和反文化运动（counterculture movement）。由此掀起的所谓“文化内战”是美国自由派和保守派“两极化的根源”。[②]

新左派是一种较为激进的自由主义意识形态运动。如果说自由主义的意识形态于20世纪60年代开始在智识上崩溃，那么这

① ［美］瑞秋·卡逊．寂静的春天［M］．吕瑞兰，李长生，译．上海：上海译文出版社，2007：19.

② ［美］小尤金·约瑟夫·迪昂．为什么美国人恨政治［M］．赵晓力，等译．上海：上海人民出版社，2011：9.

部分是因为新左派代表了一个极其善于表达又极具能力的破坏性群体。[①] 新左派与老左派的不同之处在于，他们虽然批判美国式的资本主义，但是并不转而支持苏联式的社会主义体制。“新左派之新，在于它对那些曾影响了20世纪激进主义和自由主义的思想及政治范畴的否定。新左派不使用新政自由派的语言，不谈论经济平等和社会公民资格与权利，他们谈论的是孤独、与世隔绝、异化、在官僚机器面前无能为力以及富裕生活所无法满足的对真实的渴望。这些不满迅速在美国人口一个主要部分人群中激发起了一个群众运动。”[②] 对于苏联和美国的双重不满促使新左派根本性地反对任何一种体制化的力量，而主张最为根本的个体自由与人的解放。

新左派引发了整个美国20世纪60年代对于传统美国价值观念和政治模式的总体批判。正如美国政治分析家小尤金·约瑟夫·迪昂（Eugene Joseph Dionne Jr.）所言：“与它的共产主义和社会主义的先驱不同，新左派宣称自己反对的是官僚、集权和专家。新左派对肯尼迪式的自由主义持有怀疑。‘对于新左派而言，真正的威胁不是右翼，而是加固了的自由派中心。’”[③] 换言之，美国式的自由主义在新左派看来也日趋僵化，跟苏联体制一样，都需要进行根本的改造。

新左派最早的声音来自具有进步主义传统的中西部。1959年，威斯康星大学的学生创办《左派研究》刊物，试图走出老左派的

---

① [美] 小尤金·约瑟夫·迪昂．为什么美国人恨政治 [M]．赵晓力，等译．上海：上海人民出版社，2011：33.

② [美] 埃里克·方纳．给我自由（下册）[M]．王希，译．北京：商务印书馆，2010：1288.

③ [美] 小尤金·约瑟夫·迪昂．为什么美国人恨政治 [M]．赵晓力，等译．上海：上海人民出版社，2011：32–33.

死胡同。1961 年，在密歇根大学诞生了新左派的核心组织“学生争取民主社会”（SDS- 学民社）。[①] 新左派兴起的标志一般来说是在 1962 年，学生争取民主社会组织在密歇根休伦港成立大会上发布的《休伦港宣言》（*The Port Huron Manifesto*）。《休伦港宣言》批判美国的政治体制和经济制度，认为美国式的民主政治已经陷入僵化，而经济体制越来越倾向于服务少数人。该宣言同时批判美国是一个种族主义的国家，对于黑人在社会各个方面均存在严重的歧视，不符合现代自由平等的精神。该宣言还认为美国的外交政策无法实现世界和平。该宣言提倡个人参与到政治过程之中的“参与式民主”，而不仅仅是投票式的代议民主。这种“参与式民主”不仅要在政治领域推行，而且要在一切社会领域包括工厂和大学里推行。新左派的社会运动典型案例是在 20 世纪 60 年代的加州大学伯克利分校发动的“言论自由运动”（Free Speech Movement）。在学生领袖看来，言论自由是人区别于物体的根本所在，而整个大学系统就是一个工厂，在钳制人们最为宝贵的言论自由，因而应该用身体性的暴力运动来反抗整个官僚化的大学体制。[②]

新左派和民权运动也和反战运动交织在一起。对于新左派青年而言，美国之所以卷入越南战争，恰恰是因为美国没有采取“参与式民主”，介入越南问题的决策是一批政治精英通过秘密过程做出的，没有经过广泛的社会讨论，更没有征求各方的意见，本身缺乏民主正当性的基础。反战运动大大降低了美国自由主义政府的权威性，也促使了美国政治向年轻化转型。

① 钱满素 . 美国自由主义的历史变迁［M］. 北京：三联书店，2006：140.

② ［美］埃里克·方纳 . 给我自由（上册）［M］. 王希，译 . 北京：商务印书馆，2010：1290.

如果说新左派是一场政治运动，那么反文化运动则更多的是一种文化运动，更侧重于社会文化和个人的生活方式问题。反文化运动起源于摇滚乐以及由摇滚乐所引发的一种反对物质文明、反对社会体制、反对习俗道德的不羁思潮，带有极强的波西米亚挑战布尔乔亚资本主义的色彩。[①] 正如美国著名历史学家埃里克·方纳（Eric Foner）教授指出的：

“新左派的自由定义最初是围绕参与性民主的概念而建立的，这是一个政治概念。但随着20世纪60年代的发展，年轻美国人对自由的理解不断地扩展，将文化自由也包括进来了。20世纪60年代末，数百万的年轻人公开地向上一代人的价值观和行为规范进行挑战。”[②]

在反文化的社会意识之中，毒品成了核心象征：“毒品对于反文化运动开始变得重要起来，部分是因为它们是非法的。吸毒是一种历险，是一种个人放任自己违法的方式，一种从中产阶级日常生活的常态和无趣中逃离出来的办法。”[③] 落在意识形态层面，反文化运动开始挑战哈茨式的美国自由主义文化传统和价值观念及其对于美国政治与社会的主宰。这种挑战可以总结为以下几个方面。

第一，反对技术专家。专家通过技术解决社会问题曾经是美国

① ［美］小尤金·约瑟夫·迪昂．为什么美国人恨政治［M］．赵晓力，等译．上海：上海人民出版社，2011：34–35.

② ［美］埃里克·方纳．给我自由（上册）［M］．王希，译．北京：商务印书馆，2010：1295.

③ ［美］埃里克·方纳．给我自由（上册）［M］．王希，译．北京：商务印书馆，2010：36.

自由主义传统的核心信条之一，也是罗斯福新政所展示的一种政治模式。反文化运动的理论家西奥多·罗斯萨克（Theodore Roszak）在其名著《塑造反文化》（*Making of a Counterculture*）中明确宣称，技术专家对于美国来说并不能解决社会问题，反倒带来了更多的社会问题。[①] 在他看来，需要解决的社会问题具有物质和道德两个维度。技术专家在利用科学技术方式试图解决物质问题的时候具有当然的优势和资格，但是此种技术化的解决方式忽略了社会问题的道德维度，即马克斯·韦伯（Max Weber）所言的"专家没有良心"。

第二，反对增长主义。一些反文化主义者认为美国的自由企业体制虽然能够促进经济增长，但却不能带来社会的良好发展。人们获得了越来越多的财富，却感觉越来越不幸福。因而，需要根本性地反思经济增长的优缺点，从而反思资本主义经济生产体系。反对增长主义的思潮很快与环保主义和环保运动结合在一起，构成了 20 世纪一种绿色政治运动的兴起。

第三，反对政治体制。对于反文化主义者而言，美国政治已经腐化和僵化了，已经成为一种各界精英联合起来宰制普通人和年轻人的官僚机器，需打破进行重建，方能实现真正的民主。如查尔斯·莱奇（Charles Reich）提出，传统的民主选举体制已经僵化了，社会改造已经不可能通过选举过程来影响多数选民的心，只有诉诸每个人内心中的良知，改造自我，从而摧毁旧的制度体系。[②]

有意思的是，保守主义的崛起正是建立在新左派和反文化运

---

① Theodore Roszak. *The Making of a Counterculture*. Berkeley：University of California, 1969.

② David M. Ricci. *The Transformation of American Politics：The New Washington and the Rise of Think Tanks*. New Haven：Yale University Press, 1993. P.70–71.

动对于自由主义攻击的基础上。虽然政治上的方向相反，但是保守主义从新左派和反文化运动中得到了很多好处。“新左派和反文化运动为罗纳德·里根的上台铺平了道路。这不仅因为他们的存在产生了对‘放纵’的强烈反弹，也因为他们身上体现了一些后来为右派所代表的观点。”① 一方面，新左派和反文化运动的冲击在政治上促成了肯尼迪式自由主义的衰落；另一方面，新左派和反文化运动的很多意识形态信条也被保守主义利用：

> “保守派为了不同的目标精明地利用了新左派的理念。‘小的就是美的’，这一来自新左派对小型共同体的迷恋的观念，被保守派用来为小企业的‘企业家精神’和创造力辩护。权力去集中化，长久以来是一个保守派的话题，在以左派语言表述之后被赋予了新的合法性。新左派对官僚制的抨击被便利地用来抨击‘大政府’。所有这一切使那些 20 岁时支持反战运动、听著名摇滚乐队‘杰弗逊飞机’的人，更容易在他们 30 岁出头时支持罗纳德·里根——他们仍旧喜爱摇滚乐。”②

新左派和反文化运动反对政府及反对国家的倾向恰恰与保守派希望去除国家管制的立场一致：“很多在 20 世纪 80 年代被认为是保守政治的东西其实是自由放任主义，这和 20 世纪 60 年代的反权威主义冲动一点儿都不矛盾。许多曾经因为新左派和反文化

---

① ［美］小尤金·约瑟夫·迪昂．为什么美国人恨政治［M］．赵晓力，等译．上海：上海人民出版社，2011：27.

② ［美］小尤金·约瑟夫·迪昂．为什么美国人恨政治［M］．赵晓力，等译．上海：上海人民出版社，2011：47.

抨击权威而被新左派和反文化吸引的年轻选民，又因为保守主义抨击国家而被保守主义所吸引。就这样，新左派发动了与家长式自由主义的斗争并取得了胜利，然后是右派收拾残局。”①

正是因为新左派和反文化运动的冲击，以华盛顿区域为代表的美国就美国的核心价值产生了重大争论。即便是保守主义思想的内部也充满了自相矛盾的地方，比如保守主义者一方面反对政府干预经济，提倡自由市场，但在另一方面却支持传统的家庭价值和道德伦理。而很显然的是，不受制约的资本主义必然会危及传统的社会价值。②

意识形态的分裂也导致了政府精英人员的变动。如在外交领域，第二次世界大战以来占据白宫、国务院、五角大楼、国家安全委员会（National Security Council）等机构的白人精英随着越南战争日益走入泥潭而陷入口角，其分歧和争吵日益变得公开。这一方面导致了美国在 20 世纪 70 年代外交政策大方向的混乱，另一方面使这些来自东部地区的新教人士逐渐淡出外交领域，从而为智库人士进军外交界腾出了位置和空间。③

二、保守主义的崛起及其政治胜利

第二次世界大战之后，美国政治的一个重大事件是保守主义

① ［美］小尤金·约瑟夫·迪昂．为什么美国人恨政治［M］．赵晓力，等译．上海：上海人民出版社，2011：48.

② David M. Ricci. *The Transformation of American Politics*：*The New Washington and the Rise of Think Tanks*. New Haven：Yale University Press, 1993. P.74.

③ David M. Ricci. *The Transformation of American Politics*：*The New Washington and the Rise of Think Tanks*. New Haven：Yale University Press, 1993. P.75–76.

在短时期内强势崛起，也就是著名的保守主义运动。保守主义运动初期主要体现为一些知识分子的活动，到了 20 世纪 60 年代，才找到政治上作为的契机。正如笔者在 2016 年 1 月访谈时，传统基金会久负盛名的保守派成员、著名保守主义运动研究者李·爱德华兹提到的："其实最早并没有什么保守主义运动，只是一些人写了一些重要的著作，提出了这个概念。罗素·柯克的《保守主义思想》（*The Conservative Mind*）一书给这一思想运动打上了保守主义的名号，然后小威廉·巴克利（William Buckley, Jr.）明确称自己是一个保守主义者。所以说，保守主义运动是起源于一些著作的思想运动，但小威廉·巴克利意在实现政治上的改变。"

（一）保守主义诸传统及其融合

保守主义的崛起无疑是对 20 世纪 30 年代以来美国新政自由主义占据统治地位的反动。起初，对于自由主义建制不满的保守主义和自由至上主义知识分子散落在各地，不成气候。美国著名的保守主义运动学者乔治·纳什认为，这些散落在各地的知识分子至少有三种保守主义思潮。[①] 与之呼应，李·爱德华兹认为保守主义运动初期的四本经典著作集中代表了这三类思潮，包括哈耶克的《通向奴役之路》、韦弗的《思想有其结果》、钱伯斯（Whittaker Chambers）的《见证》（*Witness*）以及柯克的《保守主义思想》。[②]

---

① George Nash. *The Conservative Intellectual Movement Since* 1945. Wilmington : Intercollegiate Studies Institute, 1996. P.xv.

② Lee Edwards. *A Brief History of the Modern American Conservative Movement*. Washington, DC : The Heritage Foundation, 2004. P.32.

乔治·纳什认为，保守主义运动中有三派，首先是自由至上主义者，或古典自由主义者，包括芝加哥学派和奥地利学派。这一派的经典之作是哈耶克的《通向奴役之路》和《个人主义与经济秩序》（*Individualism and Economic Order*）、米塞斯（Mises）的《全能政府》（*Omnipotent Government*）和《官僚政治》（*Bureaucracy*）。[①] 这一派不仅反对苏联式的计划经济，也反对具有苏联计划经济嫌疑的美国新政自由主义以及各种形式的凯恩斯主义，极力反对政府干预经济，主张恢复到古典时代的经济自由放任时代。比如，对于哈耶克而言，美国走向新政自由主义本身就是对于自由主义的背叛，因为政府干预经济的新政策导向必然是一条“通往奴役之路”。[②] 对于经济自由至上主义者而言，新政自由主义实际上窃取和扭曲了自由主义的原本意思，应该正本清源。

其次是道德文化上的传统主义者（traditionalists），主张守卫犹太基督教的传统伦理价值，反对20世纪60年代以来世俗化的道德放任主义和价值相对主义（relativism）。[③] “文化保守主义来源于罗素·柯克、理查德·韦弗、小威廉·巴克利的传统主义，传统主义强调美国的保守传统，如宪法、价值观、宗教信仰和道德，他们的思想主要来自被称为西方保守主义鼻祖的埃德蒙德·伯克（Edmund Burke）、法国的政治思想家亚历西斯·德·托克维尔（Alexis de Tocqueville）和美国的亨利·戴维·梭罗（Henry David

---

① George Nash. *The Conservative Intellectual Movement Since* 1945. Wilmington : Intercollegiate Studies Institute, 1996. P.3–7.

② [英] 弗里德里希·哈耶克 . 通向奴役之路 [M] . 王明毅，冯兴元，等译 . 北京：中国社会科学出版社，1997.

③ George Nash. *The Conservative Intellectual Movement Since* 1945. Wilmington : Intercollegiate Studies Institute, 1996. P.xv.

Thoreau）等。这些传统主义者还提倡具有天主教或具有中世纪特色的基督教。他们当中有不少人就是天主教教徒。"[1] 来自欧洲的天主教和犹太教背景的新移民对于之前建立在新教思想基础上的美国主流形成了巨大的挑战。

最后是反共主义者（Anti-communists），包括维特克·钱伯斯、詹姆斯·博恩海姆（James Burnham）和弗兰克·迈耶（Frank Meyer）。这些人以前都是左派，后来对社会主义失去信心，进而相信共产主义是对于西方文明的最大威胁，因而转向极为激进的反共产主义立场。[2] 在他们看来，资本主义与共产主义正在进行一场全球内战，美国必须在这场战争中获得胜利。[3] 以詹姆斯·博恩海姆为例，20 世纪 30 年代的时候，詹姆斯·博恩海姆实际上是美国托洛茨基主义运动（Trotskyism）的一个分支的领导人，极其信奉国际共产主义，并且是托洛茨基的好朋友和战友。但在 1939 年，詹姆斯·博恩海姆目睹了苏联的斯大林政权入侵芬兰、波兰、拉脱维亚和爱沙尼亚之后，开始对社会主义持批判态度。1940 年，在一封公开信当中，詹姆斯·博恩海姆公开与托洛茨基决裂，进而开始了其"反共"立场。在第二次世界大战期间，詹姆斯·博恩海姆加入了中央情报局的前身战略服务办公室（OSS），随后又在"冷战"当中为美国进行战略规划。在"冷战"期间，他为美国战略提供了最为深厚的理论框架。在其名著《遏制还是解放？》（*Containment or Liberation?*）当中，他极力主张对苏联和共产主

① 张立平．论当代美国的保守主义运动［J］．太平洋学报，2002（4）：50-60.

② George Nash. *The Conservative Intellectual Movement Since* 1945. Wilmington : Intercollegiate Studies Institute, 1996. P.xv–xvi.

③ George Nash. *The Conservative Intellectual Movement Since* 1945. Wilmington : Intercollegiate Studies Institute, 1996. P.117.

义国家采取遏制的战略，为美国军事情报系统提供了一种鹰派的斗争方向。[①]

值得注意的是，虽然当时有很多保守主义者，但是这些保守主义者完全不成组织，无法形成一种有效的政治力量来影响政局。他们更像是当时美国保守主义者艾尔伯特·杰伊·诺克（Albert Jay Nock）所说的"多余的人"（superfluous man）。[②] 而且，如前文提及的，保守主义三种支流之间存在明显的冲突，如经济保守派主张放任主义，贬低政府在社会经济运作中的角色。然而道德文化保守派却希望政府能够发挥更大的作用，维护传统的社会道德。两者在对待政府的态度上截然相反，虽然都是在反对占据主导地位的新政自由主义。而对于前共产主义者来说，保守主义又要求美国政府积极主动地介入国际事务，打击共产主义，因而需要更为主动的政府战略。更为重要的是，保守主义在当时缺乏一套融贯一致的系统学说："字面上，保守派就是'反动派'。保守主义，几乎完全被定义为罗斯福和新政的'反动'。"[③] 正是因为这些特征，保守主义实际上在自由主义如日中天的时代光芒微弱。可以说，"无论在思想上还是在社会和政治上，它都不是自由主义的对手，但它无疑埋下了未来保守主义社会运动和政治运动的种子"。[④]

实际上，作为一种政治力量的美国保守主义的种子，从 20 世

① James Burnham. *Containment or Liberation*? The Annals of the American Academy of Political and Social Science Vol. 288, NATO and World Peace, 1953.

② Albert Jay Nock. *Memoirs of a Superfluous Man*, New York：Harper and Brothers, 1943.

③ [美] 小尤金·约瑟夫·迪昂．为什么美国人恨政治 [M]．赵晓力，等译．上海：上海人民出版社，2011：149.

④ 张立平．论当代美国的保守主义运动 [J]．太平洋学报，2002（4）：52.

纪 40—50 年代开始就已经萌芽。1955 年，小威廉 · 巴克利创办了日后美国保守主义的旗舰刊物《国家评论》，该刊物的创立标志着分散在美国各地的各种保守主义力量开始走向融合。在调和诸多保守派之间的内在冲突和矛盾的过程中，时任《国家评论》副总编辑弗兰克 · 迈耶提出了对于保守派而言堪称伟大而及时的“融合主义”，将各种思想主义同炉冶之，统称保守主义。①弗兰克 · 迈耶为“融合主义”提供了一种理论上的论证，用以消解经济放任派和道德保守派之间的逻辑矛盾。②弗兰克 · 迈耶认为，社会道德并非能够通过政府或者社会的公共权力进行强制而获得，而只能够来自个体自发的行动。简而言之，个人自由是社会道德的基础和前提，自由的目标就是追求美德。③弗兰克 · 迈耶的“融合主义”为保守主义各派联合起来提供了一个意识形态上的理由，促进了保守派的内部统一。“融合主义”的共识被证明是持久的，直至 20 世纪 80 年代，它都为保守主义右派提供了一个哲学上的集结点。④《国家评论》逐渐取得了美国右派的领导权，巴克利也成为旗帜性的人物，以至于有评论说，如果戈德华特可以被公正地称为保守主义之“剑”的话，那么巴克利“无疑就是那支笔”。⑤

---

① Frank S. Meyer. *In Defense of Freedom: A Conservative Credo*. Washington, D.C.: Henry Regnery Company, 1962.

② George Nash. *The Conservative Intellectual Movement Since* 1945. Wilmington：Intercollegiate Studies Institute, 1996. P.164–170.

③ [美] 小尤金 · 约瑟夫 · 迪昂 . 为什么美国人恨政治 [M]. 赵晓力，等译 . 上海：上海人民出版社，2011：158–159.

④ [美] 小尤金 · 约瑟夫 · 迪昂 . 为什么美国人恨政治 [M]. 赵晓力，等译 . 上海：上海人民出版社，2011：163.

⑤ [美] 小尤金 · 约瑟夫 · 迪昂 . 为什么美国人恨政治 [M]. 赵晓力，等译 . 上海：上海人民出版社，2011：164.

在哲学上的集结之后，保守主义接下来实现了惊人的一跃——从政治思潮到政治实践的转变。里根进一步发挥了象征与融合的功能[①]，所有保守派分支在政治的号召下得以融合。

（二）里根革命的胜利和保守主义的新融合

如前所述，保守派始终强调的非常重要的一点就是“思想有其结果”。从一开始，保守派就一直没有停止从理论到实践的努力，尤其是 20 世纪 60 年代之后。

20 世纪 60 年代，第一次融合在一起的保守派开始试图影响政局，其第一步战略举措是将共和党转变为保守主义政党。这种努力的成果可谓惊人，经过保守派改造的共和党在 1964 年总统大选当中第一次走上了全国政治舞台，戈德华特保守派赢得共和党[②]，也开启了共和党向保守党的转型[③]。

戈德华特在 1960 年出版的专著《一个保守主义者的良心》（*The Conscience of a Conservative*），销量达到 300 万册，产生了极大的社会影响。[④]该书表明了保守主义的基本信条：政府不应当干涉个人生活和公民社会，应当减少财政开支，削减政府支持的社会项目，将活力和创造力留给社会本身。虽然最终戈德华特

---

① George H. Nash. *The Conservative Intellectual Movement in America Since* 1945. 1996. P. 332.

② ［美］小尤金·约瑟夫·迪昂 . 为什么美国人恨政治［M］. 赵晓力，等译 . 上海：上海人民出版社，2011 ：187.

③ Lee Edwards. *Leading the Way*：*The Story of Edwin Feulner and Heritage Foundat*ion. New York：Crown Forum, 2013. P.83.

④ Barry Goldwater. *The Conscience of a Conservative*, 1960.

竞选惨败，但这是保守派第一次成功进入总统大选的角逐，并展现了自身的政治立场，从此以后更是作为一种相当可观的政治势力为美国人所共知。值得注意的是，美国保守主义政治哲学家施特劳斯的学生，即所谓的西岸施特劳斯派的扛鼎人物哈里·雅法（Harry Jaffa）正是戈德华特的演讲稿起草人。

“戈德华特的惨败促使保守派认识到保守主义思想运动不足以实现保守主义的理想，还需要开展一场基层的、有组织的、广泛的保守主义社会运动，于是就在1964年成立了‘美国保守同盟’”。[①] 随后，保守派共和党的基层组织成功地获得了“沉默的大多数”的支持，成为保守派“南方战略”（Southern Strategy）的票仓，从而根本性地将南方从民主党的基地变成了共和党的根据地，完成了一次重大的阵线重组（realignment）。这一系列努力推动的保守主义运动最终为里根的上台奠定了群众基础。“沉默的大多数”运动代表了保守派开始超越之前的精英主义路线，掌握群众。值得一提的是，这项运动的一个重要的领导者正是传统基金会的联合创始人、首任总裁保罗·韦里奇。到1972年，保守主义者已经拥有了全国范围内的听众，并且开始赢得问鼎政权的机会。[②]

保守派在20世纪70年代的崛起也得益于一些历史机遇，特别是1977年至1980年当政的民主党总统吉米·卡特（Jimmy Carter）的温和与平庸。“卡特总统任期失败的主要原因是伊朗人质危机、利率上升，而他执政的最后一年，则是居高不下的失业人数伴随着前所未有的通货膨胀。人们认为卡特失败的原因非常

---

① 张立平．论当代美国的保守主义运动［J］．太平洋学报，2002（4）：57.

② George Nash. *The Conservative Intellectual Movement Since* 1945. Wilmington : Intercollegiate Studies Institute, 1996, P.xvi.

简单，他未能处理好摆在他面前的两个最明显不过的挑战：人质危机与经济危机。最终，不是在意识形态问题上，而是在能力问题上，卡特被击败了。”[①]实际上，在尼克松黯然下台之后，自由派本有机会在卡特任期之内重新巩固其统治地位，但是历史却因为卡特的无能而没有站在自由派一边，卡特的执政反倒给保守派的崛起提供了机会。

1980年总统大选，共和党大获全胜，里根执政，“思想”看到了“结果”，所谓的“里根革命”由此拉开帷幕。乔治·纳什认为，里根革命意义非凡，因为它终于将保守主义从理论变成了一种政治现实，因而非常符合现代革命的定义。[②]

里根曾表示：“1980年的胜利将一个由新老保守主义混杂组成的联合阵线带进了权力的中心：阳光地带的城郊居民和都市劳工阶级中的族裔群体、反能动主义政府的激进分子和主张采取更具侵略性的外交政策的人、呼吁将个人从限制中解放出来的自由意志论者和力图在美国生活中恢复他们信奉的传统道德价值观的宗教右派。”[③]新政自由主义受到了全方位的打击：在经济政策上，里根政府开始大规模地去除政府管制，充分发挥市场和企业的力量，根本地否定新政的经济政策；在社会政策上，强调法律与秩序（law and order），强调打击犯罪，增强社会公共安全，而非像自由派那样特意照顾黑人；在道德文化领域，重新塑造家庭价值，反对20世纪60年代反文化运动所导致的道德滑坡和个人私生活的自由化，

---

① ［美］小尤金·约瑟夫·迪昂．为什么美国人恨政治［M］．赵晓力，等译．上海：上海人民出版社，2011：129.

② George Nash . *The Conservative Intellectual Movement Since* 1945. Wilmington : Intercollegiate Studies Institute, 1996, P.329.

③ ［美］方纳．给我自由（上册）［M］．王希，译．北京：商务印书馆，2010：1358.

特别是反对堕胎权利，强调传统的社会观念；在国际政策上，一改之前自由派政府的软弱，特别是卡特政府时期应对“伊朗人质危机”的不力，提高政府开支，全方位地在世界各地遏制苏联共产主义。

里根执政让保守派各个分支又一次迎来了大融合的历史契机。乔治·纳什的著作《1945年以来美国的保守主义思想运动》（*The Conservative Intellectual Movement Since* 1945）在1996年再版时，对此进行了论述。20世纪80年代前后，又有两派力量加入保守主义，有新保守主义者（Neo-Conservative），还有颇具草根特色的新右派。

“一个新保守主义者是被现实摧残过的自由主义者。”[①] 克里斯托尔的定义传达了其本质，也从根源上指出了日后它和激进的传统派矛盾爆发的原因。而新右派的出现则埋下了保守主义民粹化的伏笔。最开始，新右派根本不是一场思想运动，而是被激怒的市民的草根示威运动。这些人当中许多是新教原教旨主义者、福音派、五旬节派等。新右派领导人与其他保守主义者有着基本一致的外交政策和经济视角，但是他们主要的关注点在诸如堕胎、学校祷告、色情、毒品、犯罪、性变态等被称作“社会问题”的领域。他们认为，美国社会正处在极度的道德衰退之中。世俗人道主义即当代自由主义，是造成这一现象的根源。新右派劝告沉寂政治的追随者们来到社会公众中间守卫传统道德观念。可以说，20世纪80年代和20世纪90年代的宗教右派与传统保守主义的忧虑最为接近。1945年以来的保守主义运动，主要关注在国家问题

① George Nash. *The Conservative Intellectual Movement Since*1945. 1996. P.330.

和政治层面上，新右派是“普通人”在日常生活中体验的精神创伤所带来的产物。新右派也就是宗教右派，为美国保守主义带来了自 1964 年戈德华特运动以来不曾见过的道德强度和民粹维度。

由此，在里根总统二任任期结束时，美国右派涵括了五个分支（impulse）：自由至上主义、传统主义、反共产主义、新保守主义和宗教右翼。政治实践方面的强大号召力让这五个意识形态分支都融合在了里根的统一保守主义旗帜之下。

在成功融合各派的同时，里根又将这些理念付诸经济政策的实践。“里根坚称他是一个拥有老式美德、反对现代主义和放纵主义力量的候选人。里根的经济计划告诉选民，只要同意让他削减他们的税收，他们就能帮助经济；只要帮助他们自己，他们就能最好地帮助国家。里根似乎要联结个人德行和财政放任主义。”[①] 这方面最好的例子就是 20 世纪 70 年代出现的保守派的代表作之一——“供给方经济学”。里根执政初期，供给方经济学被修改并纳入法律，理论与实践在供给方经济学中得以融合。[②]

无论实际效果如何，供给方经济学的案例都是一个广为传播的故事，是从智库理论到实际政策实施的典型案例。里根执政前后，传统基金会和 AEI 在这个故事中都有引以为豪的片段。即便从名字上讲，供给方经济学对应的也正是凯恩斯的“需求方”经济解决方案。[③]

总之，20 世纪 60 年代，美国保守主义意识形态与共和党的结盟，

---

① ［美］小尤金·约瑟夫·迪昂．为什么美国人恨政治［M］．赵晓力，等译．上海：上海人民出版社，2011：252–253.

② George Nash. *The Conservative Intellectual Movement Since*1945. 1996. P.335–336.

③ Jason Stahl. *Right Moves*：*The Conservative Think Tank in American Political Culture Since* 1945. Chapel Hill：The University of North Carolina Press, 2016. P.96.

使保守派成为一支实实在在的政治力量，也直接催生了对意识形态智库的需求。20 世纪 80 年代，以里根执政为契机，保守主义智库迅速兴起,并在整个美国得到发展——到了20世纪90年代中期，他们在美国四分之三的地方都建立了阵营。[①]

① George Nash. *The Conservative Intellectual Movement Since*1945. 1996. P.334.

访谈实录：传统基金会与保守主义运动

访问时间：2016 年 2 月 3 日

访问机构：传统基金会

访问人物：卡斯腾·沃尔特（Carsten Walter）、李·爱德华兹

卡斯腾·沃尔特是传统基金会的发展部门主任。他自 1988 年起便供职于基金会的发展部，此前在会员项目中担任经理。如今他负责基金会与成百上千个会员和赞助商的沟通工作，并负责扩张智库的捐款人市场。加入基金会之前，卡斯腾·沃尔特工作于总统选举的捐款领域。

李·爱德华兹是传统基金会的杰出研究员。他是一名具有领导地位的美国保守主义历史学家，著有 25 本著作。著作内容包括里根总统、巴里·戈德华特、小威廉·巴克利、埃德温·米斯三世（Edwin Meese Ⅲ）的生平传记、传统基金会的历史以及美国保守主义运动的历史，并被翻译成中文、日文、法文、匈牙利文及瑞典文。李·爱德华兹的新书名为《冷战简史》，于 2016 年春由著名保守派出版社瑞格纳瑞出版社（Regnery）出版。

李·爱德华兹是乔治城大学政治新闻机构的创始人之一，并曾任职于哈佛肯尼迪政治学院。他曾经是“费城学社”的主席并在胡佛研究所担任过媒体研究员。他经常出现在电视与广播节目中，例如福克斯新闻频道（Fox News Channel）、美国有线电视新闻网（CNN）、彭博社（Bloomberg）、美国全国广播公司（NBC）、美国公共广播公司（PBS）、美国有线－卫星公共事务网络（C-SPAN）和美国国家公共电台（NPR），并经常在《华

尔街日报》(*The Wall Street Journal*)、《波士顿环球报》(*The Boston Globe*)、《洛杉矶时报》(*Los Angeles Times*)、《国民评论》(*National Review*)、《世事》(*Human Events*)、《克莱蒙特书评》(*Claremont Review of Books*)和《美国观察者》(*The American Spectator*)等出版物上刊发文章。

传统基金会在保守主义运动中扮演的角色

提问：我们认为保守主义和保守主义智库从20世纪70年代开始强大起来。你们怎样看待这个问题?

李·爱德华兹：很多学者对这个问题做了相关的研究。他们认为，20世纪70—80年代的大学研究越来越自说自话，关注一些没有意义的课题，无法向政府提供所需的政策观点。在这种情况下，智库就站出来填补空缺，成为政府机构咨询建议、寻找观点的首选机构。对政府自身来说，它把太多资源和精力放在政治程序之中而无法做研究、出观点，于是自由主义和保守主义的智库纷纷涌现。当然，很多智库都在认真做研究，但怎样才能让研究成果到达大多数受众特别是国会山的目标受众呢？这需要好的传播机制。

传统基金会与其他智库的不同之处在于，我们通常对出版大部头的研究书籍不感兴趣，而是旨在提供简洁易读的研究报告。因此我们对研究成果的要求是简洁、可靠、及时。对传统基金会来说，我们的目标受众甚至不是国会成员，而是参议院的工作人员。我们在报告中不会写复杂的内容，而是用简洁明了的观点使读者一读就懂。

美国保守主义智库的崛起其实是为了弥补大学研究的不足，

因为当时的大学几乎都是“左倾”的。在过去的10~15年中，一些自由主义智库的成长相当迅速，其中之一就是美国进步中心。他们的模式和我们很像，其迅速成长大大帮助了奥巴马政府，他们当中有超过100人去了奥巴马政府工作。他们现在为奥巴马做的正是我们当时为里根政府做的。当前，在州的层面，保守派智库的数量高于自由派和进步主义智库。当然这种状况可能在美国进步中心的发展下发生改变。

提问：您如何看待传统基金会这样的智库在保守主义运动中扮演的角色？和美国政府又是什么关系？

李·爱德华兹：关于美国智库的历史，最早成立的智库是布鲁金斯学会，成立于100年前第一次世界大战时期，源自进步主义运动（progressive movement）。布鲁金斯学会是一个主张进步主义的智库，他们相信政府有能力解决问题。第二次世界大战期间涌现出了第二轮智库热潮，如兰德智库的成立。布鲁金斯学会与兰德智库的不同之处在于，前者是私有资金资助的智库，后者受美国联邦政府资助，研究政府指定的军事策略和武器方面的课题。在20世纪70年代又出现了一批政策倡导型智库（advocacy think tanks），传统基金会也在这个时期应运而生。

传统基金会设立于1973年，美国保守主义运动在传统基金会成立之前就已经开始了。如果说在思想领域，保守主义运动的推动者是《国家评论》的创办人小威廉·巴克利，那么在政治领域，其推动人则是巴里·戈德华特。最后，在传统基金会的帮助下，在里根当选总统后，保守主义运动成为政治和政策领域具有革新性的运动。

传统基金会一直是推崇保守主义思想的智库，但我们不是共和党智库。传统基金会坚持五条保守主义原则。《领导人的职责》一书的发布使传统基金会成为华盛顿数一数二的智库。这本书有1000多页。里根总统正是根据这本书制定了其执政蓝图。

卡斯腾·沃尔特：我们与美国政府没有任何利益关系，我们没有与政府签订合同，没有从政府获得资金。总的来说，我们从外界获得的资金中只有5%是来自企业。为了保持独立性，传统基金会是不会向企业出售渠道的，这也是我们从企业界获得的资金有限的原因。我们试图建立广泛的捐款人基础，而不是与企业界、基金会或个人建立具体的利益关系，这从一开始就使传统基金会与众不同。成立两年后，我们就开始采用直邮筹款的模式。经过多年的积累，我们目前有50万捐款人，有大约一半的资金来自捐款不足1万美元的资助人，平均捐款额度大约在100美元，最高额度的捐款也没有超过全部资金的2%。所以即使有时我们的观点触怒了部分捐款人，我们也不需要向他们乞求资金，不用去迎合他们的观点。曾经有一家公司认为我们的政策研究报告的观点有些尖锐，希望我们能处理一下，并表示会给我们一张支票，而我们并没有答应。

其他顶尖智库的大部分资助来自大额捐款人和企业捐款人，但我们不是。在成立初期，我们的资金也是来自十几个大资助人，但我们很快就做出了制度上的改变。到1980年，我们的捐款人数达到了10万。广泛的捐款人基础帮助我们真正获得独立性。传统基金会每年的预算是8500万美元，“传统行动”每年的预算是1200万美元。

提问：在众多的保守主义组织和活动中，传统基金会扮演着什

么样的角色？

卡斯腾·沃尔特：我们主要是组织活动、提供赞助、提供平台，这些都归结于保守主义运动的重要性，我们旨在推动整个保守主义运动。

提问：传统基金会早期不仅仅是提供观点，也吸收了很多保守派人士吗？

卡斯腾·沃尔特：我们当中的一些员工是保守派的政策制定者，我们作为平台也邀请学者前来发表演讲，然后把他们的观点传达给国会山和白宫。我们也举办报告会，发布成百上千份各类研究报告。在那个阶段，政府也非常渴求各种思想和观点，我们很好地补充了他们所需要的东西。

传统基金会对美国政治的影响力

提问：传统基金会是如何支持保守主义运动的？

李·爱德华兹：最早并没有什么保守主义运动，只是一些人写了一些重要的著作，提出了这个概念。罗素·柯克的《保守主义思想》一书给这个思想运动打上了保守主义的名号，然后小威廉·巴克利明确称自己是一个保守主义者。所以说，保守主义运动是起源于一些著作的思想运动，但小威廉·巴克利意在实现政治上的改变。AEI 从 1944 年起就在做相关的研究，但他们的研究成果是大部头的著作。传统基金会不一样，我们输出的是简洁可靠的政策报告，如税收政策报告、贸易政策报告、医保政策报告等。

此外，我们与《华尔街日报》联合发布经济自由指数，评价全球各国的经济自由度，2016年已经是第23年了，这个指数是我们的核心业务之一。该指数有很高的影响力，在大学中被广泛引用。2016年的报告显示，经济自由度最高的地区是中国香港，美国从最初的第1名跌到了第11名，新加坡一直位于第2名，澳大利亚和新西兰的自由度也很高。此外我们有三个政策部门也开始编撰其他指数，例如军事指数和文化指数等。其中军事指数针对的是美国的军事力量，文化指数则包括离婚率、结婚率、自杀率等社会问题，也是仅针对美国社会。

提问：传统基金会与里根和保守主义运动之间是什么关系呢?

卡斯腾·沃尔特：里根之所以被称为“伟大的传播者”(the great communicator)，是因为他坚信自己的理念。里根的人格魅力和热忱，再加上传统基金会提出有针对性的政策建议，使保守主义运动迅速崛起。

埃德温·福伊尔纳总是说，我们的目标是要强化传统基金会，弱化保守主义运动。从一开始传统基金会就推崇保守主义，并希望以此思想为基础打造保守主义运动，通过这个运动来提高基金会的实力和影响力。我们采用的具体做法是每年召开一次资源银行会议(Resource Bank Meeting)，把美国智库的CEO聚在一起(现在也邀请外国智库负责人)就智库问题进行交流。与会的智库通常是小型智库，因为我们的目的是向他们提供资源，帮助他们了解保守主义运动的整个过程。通过这样的会议，我们大力推动了保守主义运动的发展。如今，美国每个州都有一个保守主义智库，从阿拉斯加到佛蒙特州。甚至一些州有两到三个智库。这些智库都尊崇保守主义原则，从而把这一运动从华盛顿推广到全国的每个社区。

此外，传统基金会在哲学思辨领域接受保守主义的多个分支，如传统保守主义（traditional conservatism）、自由保守主义（libertarian conservatism）、社会保守主义（social conservatism）和国家安全保守主义（national security conservatism）等，也就是小威廉·巴克利提出的融合主义。加图研究所主要关注的是自由至上论流派的保守主义，但我们是兼容并蓄。

提问：关于传统基金会的价值观，一方面你们坚持自由市场不受政府限制，另一方面在社会、文化和道德领域，你们又要求政府维护美国的传统价值观。其中是否缺乏一致性呢？

李·爱德华兹：传统基金会代表的美国保守主义思想其实是两种传统的结合：保守主义传统和自由主义传统。自由主义更关注经济方面，而保守主义更关注传统价值观，如传统的家庭模式。美国保守主义目前面临的问题是如何保持这两大传统的结合。现在圈子里面很多人对民粹主义感兴趣，但我认为民粹主义和保守主义是不能相提并论的，这一主义可能最终会让我们远离自由经济，现在已经有人在大力反对自由贸易了。

我们现在有一个专门研究家庭问题的部门，已经成立有几年了，这个部门非常支持莱恩·安德森（Ryan T. Anderson）博士在家庭问题上的观点。我们认为传统基金会是囊括多领域、代表保守主义各分支的机构。传统基金会也是一个哲学联盟（philosophical coalition），传统的美国价值观也是我们坚持的五大核心之一。

我们从来不认为政府应该让每个人去教堂做礼拜，或者政府应该禁止同性婚姻。但我们认为政府在这些问题上其实是在支持和推崇某种观点，如政府出台的一些政策让男性出于经济考虑更不愿意结婚或生孩子，政府甚至将同性恋作为一种生活方式去推崇。我们对此的立场是，传统婚姻是好的，政府没必要去推崇同性婚姻。因此我们希望的是政府不要积极地倡导这些价值观，而是让人们去选择自己相信的。

提问：传统基金会如何实现影响或改变政策？

卡斯腾·沃尔特：我们不影响选举，但是我们引导大选中的观点。比如我们在1994年的国会选举中发布了《与美国的契约》（*Contract with America*）这份报告，在2010年支持茶党运动。1978年，杰克·康普（Jack Kemp）大力支持供给方经济政策，建议降低税率，提升人们的购买能力，让经济繁荣起来。作为国会议员，他着力推动减税法案。里根政府并不知道什么是供给方经济学，直到他们听到了杰克·康普的想法。最终，里根政府在他的影响下于1981年通过了减税法案，旨在3年内全民降税30%。这是一个通过观点改变立法的具体例子。

提问：传统基金会和“传统行动”相比，哪个对政治的影响力更大？

卡斯腾·沃尔特：传统基金会已经成立了40年，我们的第一产品还是研究。怎样才能提高研究的影响力呢？需要做好传播。我们有一个很优秀的传播团队，他们推出的新闻产品是《每日信号》（*The Daily Signal*），在全球范围内进行采访、制作节目。我们平均每天在媒体上出现18次，不管是电台节目还是电视节目。我们力争把自己的信息和观点传达给更广泛的受众，因此传播就显得尤为关键。在2010年之前，传统基金会在政策倡议方面还是有一定效果的，能够影响国会。但随着美国对智库的规范越来越严格，我们施展拳脚的空间也在缩窄。为了补充基金会在政策倡议方面的不足，把基金会的研究运用到对立法的推动上，“传统行动”成立了。

李·爱德华兹：如果我们不做研究，那我们与华盛顿的其他游说机构就没什么两样了。“传统行动”大力倡导的那些政策建议从何而来？都是来自传统基金会的研究。所以“传统行动”的核心力量来自传统基金会。我们的三个支柱是研究、传播、游说。

提问：当人们提及传统基金会时，都认为这是一个与政治紧密相关的机构。

卡斯腾·沃尔特：与其他智库相比，传统基金会与政治之间的关系更加密切。我们本来就是政治动物，密切关注国会山的举动，而且我们有一半的研究员在国会山工作过，而“传统行动”所有的工作人员几乎都曾就职国会山。这样看来，我们并没有脱离政治环境，我们的政治化在于用政策来影响政治，而不是像大学那样纯粹地做研究。“传统行动”的另一个优势是其背后“传统基金会”这个品牌，而传统基金会的声誉是建立在40多年所取得的政策成绩之上的。

提问：有关影响力、媒体方面，传统基金会有哪些不同？

李·爱德华兹：传统基金会一直都具备领先意识，我们非常重视对大众媒体的运用，旨在通过媒体来推广我们的观点。一方面，我们与大众媒体建立合作，早期是报纸、杂志、电台等，我们的专家会接受采访，把我们的观点发布出去；另一方面，我们现在越来越倾向于自建媒体，例如我们的新闻产品《每日信号》。我们自己输出新闻内容，甚至打造了自己的电台和电视工作室。现在我们不用去CNN或FOX，在自己的办公室就可以制作视频节目。我们的媒介策略也随着技术发展而变化，方针之一就是让传播变得更加容易，让媒体轻松快速地传播我们的成果。新媒体的发展给我们带来了机会，但其平民化的特征也强化了竞争，因此我们不断地推进新闻产品的创新，希望能拓宽我们的发声空间。

第三章

美国智库的政治化转型

当今，以布鲁金斯学会为代表的中立智库和以传统基金会为代表的意识形态智库，是美国智库的两大主流类型。

美国智库在20世纪70年代的转型至关重要。这次转型之后，斯塔尔认为，保守主义智库在20世纪80年代进入第三个阶段——在国内外广泛发挥政策制定和意识形态领域的影响。这个时期，传统基金会无可置疑地走到了保守主义智库的前沿，其速度、产品和影响力更好地适应了思想市场的模型。[①]

笔者认为，以传统基金会在1973年的建立为标志，在意识形态智库的刺激下，美国各种类型智库开始向“现代模式”或新型智库模式转型。所谓的“现代模式”，就是同时重视研究和传播的模式。在此之前，以布鲁金斯学会为代表，美国主流智库的主要功能是进行客观中立的研究，而较少顾及研究成果的政策效果。那个时代的智库更像是一所“没有学生的大学”[②]。其中固然有意识形态的背景——早期的美国中立智库相比后来兴起的保守主义智库在大学中更有市场，也反映了智库运营模式转型的必要性。

作为一类以研究成果服务政策优化的机构，智库在政治体系中缺乏影响力无异于纸上谈兵。主动推销自己的政策研究成果，

---

① Jason Stahl. *Right Moves*：*The Conservative Think Tank in American Political Culture Since* 1945. Chapel Hill：The University of North Carolina Press, 2016. P.4.

② Kent Weaver. *The Change World of Think Tanks*. Political Science & Politics, Volume 22, Issue 3, 1989; Donald Abelson, *American Think–Tanks and their Role in US Foreign Policy*. London：Palgrave Macmillan, 1996. P. 44–48.

是以传统基金会为代表的新型智库的一大特点。笔者在对美国一线智库的访问过程中发现，无论是传统基金会、加图研究所这类意识形态智库，还是卡内基国际和平基金会、彼得森国际经济研究所这类中立智库的领导，都强调营销相对于研究的重要性。然而，在传统基金会之前，智库这种主动营销的特点并不突出。传统基金会的成立，成为智库发展的转折点。[①]在各类智库的现代化转型过程中，传统基金会积极的影响策略在美国智库界发挥了“鲶鱼效应”。

实际上，以传统基金会为代表的保守主义智库不仅成为主动营销自身成果的典范，也成为主动介入政治的典范，这两点正是新型意识形态智库的主要特征。

一、从中立智库到意识形态智库

如果说 1973 年是美国现代智库的起点，那么 20 世纪 80 年代则是美国保守主义智库在政治上的顶点。不过在 20 世纪 60 年代，美国自由派的政治地位如日中天，布鲁金斯学会与政府关系密切，以至于华盛顿政治圈认为肯尼迪政府的政策制定者们“严重依赖”布鲁金斯学会的近 100 名政策研究学者。[②]保守主义智库传统基金会的创始人在成立该机构之前也曾慨叹：“左派有很好的政策制定机器支持，而右派却没有任何与之相匹敌的机构。”[③]

---

① 安德鲁·里奇．智库、公共政策和专家治策的政治学［M］．上海：上海社会科学院出版社，2010：140.

② Lee Edwards. *The Power of Ideas*：*The Heritage Foundation At 25 Years*. Ottawa, Illinois：Jameson Books, Inc., 1997. P.3.

③ Lee Edwards. *The Power of Ideas*：*The Heritage Foundation At 25 Years*. Ottawa, Illinois：Jameson Books, Inc., 1997. P.3.

（一）早期智库：中立性与科学性

从历史起源的角度而言，美国智库是伴随着美国联邦政府职能的转变而兴起的。众所周知，美国是一个联邦制的国家，政府权力在联邦和各州层面分享。从 18 世纪末建国开始到整个 19 世纪的大部分时间内，联邦政府的权力一直没有后来那么大，甚至可以说非常小。相比之下，各州政府的权力则非常大，有时州政府可以否决联邦国会的立法。19 世纪中期爆发的美国内战，正是南方各州为了维护奴隶制而试图脱离联邦的努力，集中体现了美国联邦政府在内战之前针对各州政府缺乏约束力。更为重要的是，由于美国联邦制的特征，经济和社会事务的管理权主要掌握在联邦各州政府的手中，即美国宪法上所谓的“治安权力”（police power）。[①] 此外，美国长期以来坚持传统的自由主义，崇尚“管得最少的政府就是最好的政府”。因而，联邦政府在相当一段时间内都是一个权力不大的小政府，更多地按照常识和社会习俗来判断社会问题，提出政策和解决方案。加上当时美国的农业社会背景，社会问题比较简单，仅仅凭借一定的社会经验即可处理。

然而，从 19 世纪末到 20 世纪初，情况发生了变化。随着第二次工业革命的发展，特别是铁路、电气等现代工业产物的出现将全球经济推向前所未有的发展高潮。当时美国正处于工业大发展、社会大繁荣，但同时也是问题丛生的“进步时代”或者马克·吐温所谓的“镀金时代”。[②] 各种各样的社会问题层出不穷，贫富差距

① William J. Novak. *The People's Welfare*. Chapel Hill：Univeristy of North Carolina Press, 1996.

② ［美］马克·吐温 . 镀金时代［M］. 春燕，译 . 呼和浩特：内蒙古人民出版社，2010.

日益扩大，事故多发，联邦政府日益需要管制市场和社会，政府需要大量的专业知识和统计数据作为决策的依据，来解决大规模工业化过程中出现的社会问题。

与此同时，社会科学在美国的大规模发展也促进了智库的诞生。在那个时期，美国社会，尤其是知识分子和政府官员都认为以科学原理为基础的社会科学可以为政府提供建议、解决问题。最早的智库就是在这样的思索下建立的。“美国国内第一批智库出现在20世纪初期，其工作任务体现了进步时代的要求：由蓬勃发展的社会科学得出的专家意见可以解决公共问题并且影响政府决策。进步主义改革者依靠专家获得‘科学知识’，使政策制定摆脱不怀好意的相互吹捧和朋党赞助。他们的目的是使政府更加高效，更具有专业水准。”①

在诞生之初，美国智库秉承着中立和科学的精神，带有进步时代追求美好世界的理想，与党派政治和意识形态并不相关，也不注重对外的宣传和营销。第一次世界大战前后，美国很多经济学家开始成为政府的顾问，甚至直接进入政府成为决策者。从另一方面来讲，由于时间紧张，政治家和决策者需要许多临机决断，因而没有大量的时间进行思考和研究，这就需要依赖专业的研究人员来帮助其进行长远的思考和决策，提供信息和分析。在这种理想之下，智库应当超越党派和意识形态立场，提供客观中立的意见。这是最早期的美国智库成立的意图，即通过客观的社会科学研究来实现公共利益，具有某种慈善和人道主义的理想。美国当今很多有名望的智库，例如布鲁金斯学会、卡内基国际和平基

① ［美］安德鲁·里奇．智库、公共政策和专家治策的政治学［M］．潘羽辉，等译．上海：上海社会科学院出版社，2010：31.

金会、胡佛研究所和外交关系协会，都是在此期间成立的。

中立性和专业性是早期美国智库的重要特征与伦理操守。1910 年至 1960 年，政策制定者只是把特定问题的相关领域专家集聚起来进行咨询，让他们指出发展变化的种种可能性。[①] 虽然这个时期的智库研究和运作受大型私人基金会（例如洛克菲勒基金会、卡内基基金会、福特基金会等）的资金支持，但是这些资助人欣赏并鼓励智库保持公正和中立的态度，并不要求智库研究的成果必须反映这些财团的利益或者观点。总体上来说，这个时期的智库更倾向于提供一种政府之外的、基于客观中立证据研究的解决思路。此时的智库并没有特定的影响目标群体或者特定的政府部门客户，往往是宽泛地影响政府决策、大众舆论、公共政策制定，更大程度上是服务于社会公共利益。

然而，需要说明的是，或许正是因为其服务对象的不特定性和严格的科学性，早期智库的研究成果也往往成为书架上的展品，虽然数据充足、论证细致，但却因为其成果对于政治过程甚少具有针对性而几乎无人问津——“没有学生的大学”出产的产品似乎只有大学生才阅读，而无法实质性地影响政府和政治过程。在布鲁金斯学会中甚至流传着这样一句笑话：“我们为政策制定者写的书却被大学在校生阅读。”[②] 智库客观中立的研究态度和着重分析问题的成果，在需要解决问题的决策者看来过于脱离实际，而无法直接切入真正的问题。

---

① ［美］安德鲁·里奇. 智库、公共政策和专家治策的政治学［M］. 潘羽辉，等译. 上海：上海社会科学院出版社，2010：189.

② ［美］安德鲁·里奇. 智库、公共政策和专家治策的政治学［M］. 潘羽辉，等译. 上海：上海社会科学院出版社，2010：5.

智库真正开始发挥作用与20世纪30—40年代的罗斯福新政有很大的关系。正是因为新政，美国联邦政府开始变得非常强势，专业知识对政府而言也变得前所未有的重要。在当时，从世界范围内来看，无论是德国纳粹主义、苏联社会主义还是美国资本主义，都强调技术专家的重要性。一方面，苏联在资本主义国家的包围下生存下来，并取得惊人的发展；另一方面，美国的经济军事实力增强，极力向外扩张，但同时整个资本主义世界却陷入了严重的危机之中，即1929年至1933年的经济危机。为了挽救经济危机，时任美国总统罗斯福启动了新政计划，其主要特点就是加强联邦政府对于全国经济的管制。联邦政府随之建立了一大批独立管制机构，如证券交易委员会（Securities Exchange Commission）等。与之相伴随的是，大量社会科学专家进入联邦政府工作，如耶鲁大学法学院教授弗雷德里克·道格拉斯（Frederick Douglass），即第二任证券交易委员会的主席，后来出任美国最高法院大法官。

20世纪40—60年代，“政府签约智库”开始出现，其主要特点仍然是中立性和科学性，本质上是早期智库形态的延伸。特别值得注意的是，美国在第二次世界大战之后开始全面介入国际政治斗争中，美国智库也进入国家战略研究的阶段。从国际层面而言，资本主义和社会主义阵营的对峙开启了人类的“冷战”时代。美国既要扶持资本主义国家形成的阵营，又要加强军事防御能力，部署军事力量与苏联进行对抗。而在国内，为了配合“冷战”的战略，政府必须缓和各阶级、各利益集团之间的矛盾，解决各种棘手的政治、经济问题。政府为了解决复杂的现实问题而直接出资支持了大量政府合同型智库。这些智库的政策研究都以国家利益为最高目标，他们依靠“签约研究”（research under contract）并伴随着美国政府的扩张而产生。

扩权之后的中央政府急需研究机构的支持，一开始这种需求主要集中在国土安全方面，但很快就延伸到国内政策领域。其中很多智库服务于美国军方的战略需求，比如著名的兰德公司和战略与国际研究中心（Center for Strategic and International Studies）。兰德公司是此种类型智库的典型代表。在战后初期，它的最大雇主是美国国防部，尤其是空军。在核战争危险的阴云下，兰德公司为美国“冷战”时期战略的制定立下了汗马功劳，它们不但投入了大量的精力研究核问题，还为美国空军最有效地保卫国家安全、防止苏联的进攻出谋划策。兰德公司为第二次世界大战后其他研究机构和思想库的建立与运作提供了一种全新的范式。[①]

战略与国际研究中心则是偏保守主义立场的重要战略研究机构，奉行鹰派的战略思想，强调通过各种方式来遏制苏联和共产主义势力在全球的发展，其政策建议曾经对美国政府制定外交政策产生了较为重大的影响。该中心于1962年由海军作战部前部长阿勒·伯克（Arleigh Burke）上校、尼克松政府助理国务卿戴维·阿布希尔（David M. Abshire）共同创立，具有很强的官方背景。1977年后，亨利·基辛格（Henry Kissinger）和詹姆斯·施莱辛格（James Schelesinger）曾先后应聘担任其高级顾问。同是1962年成立的美国海军中心（Center for Naval Analyses）则是专门为海军服务的专业战略研究机构，起源于美国政府资助成立的“反潜作战研究小组”。[②]

---

① 王莉丽．旋转门：美国思想库研究［M］．北京：国家行政学院出版社，2010：45.

② 同上。

这些以政府合同为主要特征的智库，多强调他们是为广义上的政府服务。无论是直接研究国际战略而为决策提供参考，还是研究国内经济、社会和政治事务从而为美国的国际战略建立平稳的国内基础，它们的研究都不具有明显的政治性质。也就是说，他们为整体的政府服务，是国家的战略思想库，但并不介入国内的政治斗争，特别是政党政治。

（二）意识形态智库：政治的动物

20 世纪中期，以思想派别和意识形态分化为基础的智库开始萌芽，随着意识形态斗争的日益激化、两党的意识形态化尤其是渐趋严重的政治两极化，美国新型意识形态智库在 20 世纪 70 年代迅速崛起。

新型意识形态智库之“新”，主要在于其着重向政治家和政策制定者推销和宣传特定的政治理念或者带有鲜明政治理念的政策建议，而不仅仅是客观中立的公共政策研究报告。这种类型的智库具有鲜明的意识形态背景，并且非常具有侵略性地将某种政治主张通过各种方式推销出去，设定政策议程，影响政治结果。也正因为如此，有别于之前的公共政策智库和政府签约型智库，此类智库的成果一般来说都短小精悍，便于政治家在较短的时间内吸收。[①] 随着政治侵略性逐渐增强，这类智库的媒体曝光率也逐渐增多。

美国意识形态智库的主流是保守主义智库，20 世纪 70 年代之前保守主义智库胡佛研究所和 AEI 已经成立，但因为自由派的政

① 任晓．第五种权力——美国思想库的成长、功能及运作机制［J］．现代国际关系，2000：（7）．

治主导地位，这些智库的政治天性受到政治环境的威胁，需要有意识地收敛。直到 20 世纪 70 年代，AEI 和传统基金会才先后兴起。

笔者认为，斯塔尔的“思想市场”模型可以很好地解释 20 世纪 70 年代 AEI 的崛起，却很难解释传统基金会迅速兴起的内在动力。根本原因在于，他没有充分理解传统基金会政治性的一面，由此也不能说明其快速崛起的真正原因，尤其是后来更加彻底的政治化。传统基金会天生就是“政治的动物”，只有立足政治的视角才能真正理解这家机构。传统基金会的政治特性，最明显地体现在其核心价值观中，也成为这类智库与中立智库的首要区别。

众所周知，布鲁金斯学会高举“独立性、质量、影响力”三个价值取向，重视独立性，并高度重视研究质量。按照布鲁金斯学会东亚政策研究中心主任卜睿哲（Richard C. Bush）的分析，产生于进步时代的布鲁金斯学会的出现，主要基于“现代国家”治理的需求，是对现代国家兴起的一种潜在响应。[①] 除了强调高质量的政策研究以外，布鲁金斯学会之所以强调独立性，是因为现代国家下的政府机构往往试图通过控制相关的专家知识进而影响决策。而从良治社会的角度看，则需要法治和民主问责来制衡有可能出现的过度强势政府。[②] 引申开来，需要独立的专家来监察政府机构通过控制信息从而操控政策的倾向，同时矫正这些政府机构所资助的外部研究机构对知识的扭曲。这种监察可以是直接的——政府以外的研究机构创造政策知识，并与政府内部研究机构创造的

① Richard C. Bush. *Thoughts on Think Tanks and Their Role in Modern Society*. Washington, DC：The Brookings Institution, 2013.

② Francis Fukuyama. *The Origins of Political Order：From Prehuman Times to the French Revolution*. New York：Farrar, Straus and Giroux, 2011.

政策知识相对比；这种监察也可以是间接的——告知公众外部专家的观点与政府观点冲突。由此，卜睿哲认为，智库不是现代社会的奢侈品，而是确保政治制度行之有效的必需品。

完全不同于布鲁金斯学会的逻辑，传统基金会把“使命”放在第一位，且其使命具有鲜明的保守主义倾向，即第一章提及的五条保守主义纲领。从前文传统基金会的案例分析中也可以看出，传统基金会成立的缘由，很大一部分是基于政治上的需求。传统基金会也希望以更积极的姿态介入政治：通过鲜明的保守主义价值观引导下的智库功能的实现，履行对保守派崛起和持续发展的职责，充当保守派在政治上融合的中枢地位，引领保守主义运动和保守派执政。从结果上看，传统基金会也确实实现了比中立智库更大的政治影响力。

其次，意识形态智库与中立智库对影响力的重视程度以及影响政策的渠道不同。在华盛顿的智库圈，一种普遍的评价是，意识形态智库对影响力的重视远超过对研究成果的重视，其对政治的介入更是广受诟病。中立智库在相当长的一段时间内并不重视影响力的推广，但从20世纪70年代开始，随着传统基金会的出现以及美国政治两极化的影响，中立智库开始普遍重视影响力的推广，甚至影响力被放到与研究成果的生产一样重要的位置。彼得森国际经济研究所的创始人、名誉所长弗雷德·伯格斯坦（Fred Bergsten）就将“拓展策略”融入该所的工作体系中。他认为，当研究人员完成一本书的时候，我们的工作只做了一半，另一半工作就是“卖掉它，并且向受众传达意见”。[①]

---

① 2015年2月笔者对弗雷德·伯格斯坦的访谈。

就智库的影响渠道而言，一般有官方和媒体两个角度，即所谓的对政府和大众的影响力，由此形成智库和政府与大众的“对话”。美国智库普遍重视媒体的影响力，由媒体而产生的大众影响力也是智库影响力的重要组成部分，原因在于，通过媒体形成的大众影响力不仅可以对决策形成倒逼机制，也有利于智库品牌的建立，更有利于基于智库“教育”功能的实现来推动理性的政治参与。

与在媒体方面“可见的影响力”相比，智库“不可见的影响力”更为重要。“可见的影响力”往往借助可量化的数据来评估，例如可统计的媒体发表数量、书籍和政策简报出版数量、网络点击率、媒体关注度、引用率等；“不可见的影响力”则基于高质量的研究成果形成的良好的信誉，尤其是体现在政治体系内部的分量和声誉。相比之下，“不可见的影响力”更侧重于研究成果的质量和政策咨询的实际作用，但这方面的影响力很难量化。对智库而言，过度追逐“可见的影响力”、注重公开发表指标，容易导致过度竞争、过度追求媒体效应，而忽视研究成果的质量和对政策的贡献，一定程度上会伤害“不可见的影响力”。当然，过度追求“不可见的影响力”也有问题，与官方走得太近容易伤害智库的独立性，进而伤害研究成果的质量和基于质量的口碑与影响力。对意识形态智库而言，问题在于，其过于重视媒体的影响力和对政府的影响力输出，意识形态引导下的政策研究自然会带来对其独立性和质量的怀疑。

在与决策者的沟通方面，中立智库更多地依靠个人影响力以及个人的研究成果影响决策。由此，很多专家认为智库与政府间的个人关系至关重要，甚至认为关系就是一切。相比中立智库，意识形态智库更重视组织的力量，尤其重视对国会的影响。在国会内部，党团会议（caucus）发挥着重要的作用，也是意识形态智库的重要渠道。[①] 所谓党团会议，在实践中是两大政党正式的领导机构之一，大部分国会内的党员是其组成人员，有正式的组织机构和人员。具体而言，如图 3.1 所示。

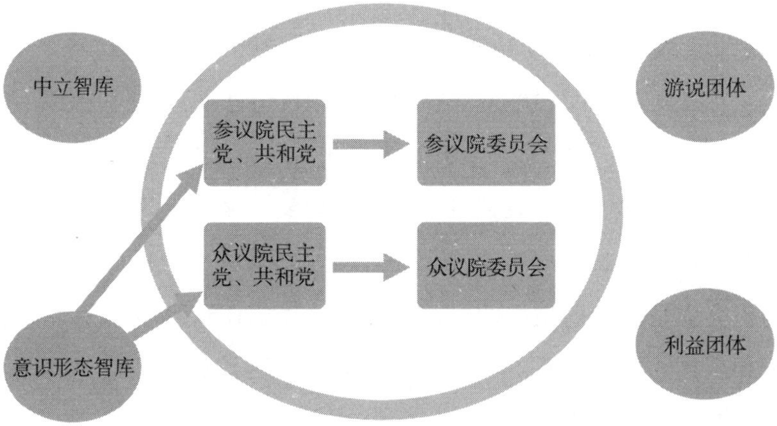

图 3.1　意识形态智库进入国会的机制

美国的议会在参众两院内部都由两类组织构成，一类是对议案进行投票的委员会（committee）和分委员会（subcommittee），这类是外界比较熟知的；另一类就是形成议题、提出议案的各种党团会议。此类党团会议在众议院中发挥的作用类似于提供一个平台、一种渠道，让智库的声音可以传递给政策制定者——国会议员。例如，前文提及的共和党研究委员会就是一个党团会议，目前拥有 170~180 位共和

① caucus 的另外一个意思是有共同兴趣或者志向的一群人组成的非正式团体，类似于圆桌讨论会，大部分没有正式的组织，极少数有正式的组织，例如非裔美国人组建的、关注美国有色人种权利问题的国会黑人党团会议（Congressional Black Caucus），其成员背景是跨党派的，共和党党员、民主党党员或者其他独立人士都可参与，只要他（她）对此问题感兴趣。

党成员，成立这个组织的主要目的是能够使立法向保守的右派倾斜。自由派的一侧，则有民主党研究委员会。一个议案（bill）可以经过党的研究委员会，提交到国会内部的分委员会，再提交到委员会，经过投票，也就成了有效的法案（act）。而在此之前，议案的“研究版”往往是在传统基金会这样的智库中就已经形成了。

要说明的是，国会之外的智库、游说团体和利益集团都属于外部团体，但智库与后两者明显不同。美国智库不论智库本身有无意识形态倾向，从经济和政治上多是独立的，即在研究成果的支持端独立于捐助者，在研究成果的输出端独立于政策制定者，其研究成果服务于整个社会的公共利益而非特定利益。游说团体比智库的自由度更大，目的性更强，可以直接代表公司利益，为某些特定利益群体服务，通常还能得到丰厚的报酬。当然，智库与利益集团、游说组织最大的区别还在于，智库不能直接进行政治游说，尤其是不能直接介入选举，而利益集团、游说组织则可以直接秉承自己的利益导向，游说政治体系的具体部门或个人。

最后，因为不同的影响力逻辑和渠道，意识形态智库与中立智库在研究的组织方面也明显不同。以传统基金会和布鲁金斯学会为例，前者的研究更多是“自上而下”的组织方式，而后者则更多是“自下而上”或“上下结合”的。也就是说，研究议题的设定，在传统基金会往往是领导层直接设定的，而在布鲁金斯学会这样的机构，主要是研究人员自己提出的。这样不同机制下产生的研究成果自然也就不同，尤其体现在立场的设定方面。中立的研究是从事实出发，依靠可靠的证据、严密的逻辑、科学的分析寻找问题的答案。与此相反，意识形态智库则是从特定的立场出发，这样很容易形成寻找论据支持已有答案的模式。另外，在募资方面，传统基金会的会员更多是个人，而布鲁金斯学会的捐赠者更多是机构，前者捐赠的理由更多是基于相同的价值观，后者的捐助人立场并不明显。

与之前的智库相比，意识形态智库在研究方面的投入明显偏低。布鲁金斯学会和传统基金会官方网站的最新资料显示，布鲁金斯学会 2016 财年财务支出总计大约 1 亿美元，项目支出约占总财务支出的 74%，除去传播与出版费用，涉及研究项目的支出大约有 67%（见图 3.2）。相比之下，传统基金会 2016 财年财务支出大约为 8100 万美元（不包括传统行动支出），其中研究费用占总支出的 31%，远低于布鲁金斯学会的相关比例，而这样的比例在两个机构往年的预算分配上也是相对稳定的（见图 3.3）。在传统基金会的支出结构中，特别引人关注的是“教育项目”，竟然超过其自身研究的费用，占到总支出的 38%。类似的“教育项目”是美国智库打造大众影响力、履行智库职责的一种普遍方式，布鲁金斯学会直接将教育列为与研究同样重要的两大功能之一，而传统基金会的“教育项目”则更有其政治上的针对性，其主要对象类似“资源银行”内持同一价值观的保守主义者，培训和教育的目的在于支持保守主义运动，履行对整个保守主义运动的“担当”。①

实际上，在美国意识形态智库蓬勃发展的大背景下，所谓的中立智库也不同程度地受到了挑战和质疑。在美国公众的眼中，除了彼得森国际经济研究所等少数智库以外，其他智库或多或少地都有其自身的意识形态倾向。即便像布鲁金斯学会这样以中立而闻名的智库，也被广泛地认为偏向民主党。

---

① 2018 年 1 月笔者对传统基金会、战略与国际研究中心、威尔逊中心、胡佛研究所、城市研究所等机构的访谈。

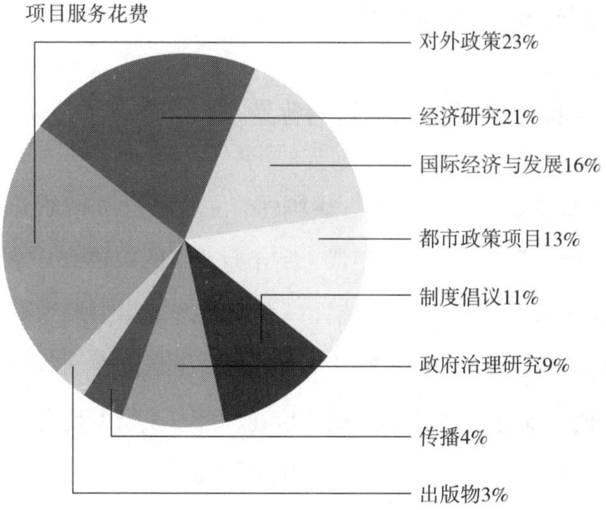

图 3.2　布鲁金斯学会 2016 财年财务支出情况

资料来源：布鲁金斯学会 2016 年年报。

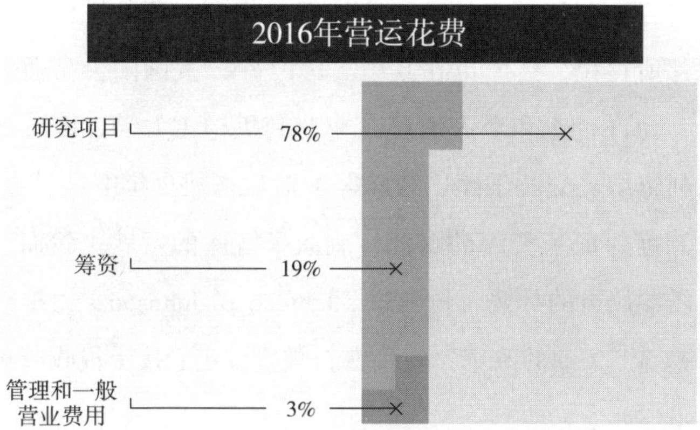

研究……………………………………………………………31%
教育……………………………………………………………38%
媒体和公共关系………………………………………………11%
筹资……………………………………………………………17%
管理……………………………………………………………3%

图 3.3　传统基金会 2016 财年财务支出情况

资料来源：传统基金会 2016 年年报。

二、意识形态智库彻底的政治化

（一）保守主义智库崛起的背景

在传统基金会成立之后，美国保守主义智库如雨后春笋一样发展起来。[①] 到了 20 世纪 90 年代，保守型智库的数量也开始大大超过自由主义智库。根据里奇的统计，意识形态智库中大约有三分之二宣称是保守派，只有三分之一可辨认为自由派。在 20 世纪 80 年代和 90 年代，保守型智库的形成速度（每年 2.6 家）是自由派智库的两倍（每年 1.3 家）。[②] 实际上，智库的意识形态化在之前并非没有。AEI 始于 1938 年，布鲁金斯学会也曾一度被看作自由主义智库的代表。不过，在 20 世纪 70 年代之前，这些智库并没有走向意识形态化，究其内在原因，最直接的是来自税法方面的约束。

1913 年，美国国会通过税收法案，免除了慈善机构所需要缴纳的联邦所得税，智库也在其中。1917 年，美国国会又通过了一项法案，允许企业和个人通过向非营利机构（大学、医院、民间社会福利组织、交响乐团、智库等）捐款来减少年度纳税金额。[③] 这样的制度保证了智库的财源，刺激了智库的发展。然而，1954 年，时任参议员的林登·约翰逊（Lyndon B. Johnson）力推对税法 501（c）（3）条款的改革，主张在新规里设定：接受税收减免优惠

① Jean Stefancic, Richard Delgado. *No Mercy：How Conservative Think Tanks and Foundations Changed America's Social Agenda*. Philadelphia：Temple University Press, 1996. P.4.

② 安德鲁·里奇. 智库、公共政策和专家治策的政治学［M］. 潘羽辉，等译. 上海：上海社会科学院出版社，2010：12.

③ Richard C. Bush. *Thoughts on Think Tanks and Their Role in Modern Society*. Washington, DC：The Brookings Institution, 2013.

的非营利组织不能参与政治活动；从事非营利目的的游说团体和利益集团则需遵循 501（c）(4）条款，不能享受税收减免政策。[①] 由此，501（c）(3）条款明确规定，禁止此类组织投入"较为可观的活动去试图影响立法"，"禁止直接或间接代表或反对任何公共要职的候选人，禁止参与或干涉任何政治活动"。

1969 年，美国税法的改革为新型智库创造了新的条件。"美国国会通过税务改革法，禁止基金会资助任何可能'影响'立法和政治竞选'结果'的活动。虽然用法律来限制基金会政治活动的做法并非是第一次，但是新禁令同时具有的广泛性和不具体性是令智库领导人担心的一个原因，毕竟他们主要依靠基金会获得资助。到了 20 世纪 70 年代中期，基金会对一些最负声望的智库（如布鲁金斯学会和美国国家经济研究局）开始减少了资助。"[②] 这使当时占据主流的自由派智库陷入了一定的资金困境，从而为以分散性资金来源为特点的新型保守主义智库的兴起提供了历史机遇。[③]

当然，保守主义智库在 20 世纪 70 年代遇到的思潮和政治上的契机是历史性的，也是至关重要的。在保守主义运动和美国政治两极化的大背景下，传统基金会"不但致力于作为一个基本研究和分析的发源地提供服务，而且以全国保守主义者的名义协助推动议程进展。它正确地将自己既看作华盛顿知识世界的一种力量，也看作保守主义运动的一个机关"。[④]

---

① Tevi Troy. *Devaluing the Think Tank*. National Affairs, 2012（Winter）. P.78.

② ［美］安德鲁·里奇 . 智库、公共政策和专家治策的政治学［M］. 潘羽辉，等译 . 上海：上海社会科学院出版社，2010：47.

③ ［美］安德鲁·里奇 . 智库、公共政策和专家治策的政治学［M］. 潘羽辉，等译 . 上海：上海社会科学院出版社，2010：47，52.

④ Tevi Troy. *Devaluing the Think Tank*. National Affairs, 2012（Winter）. P.80.

里根总统在1988年的时候声言："今天美国最重要的学术都来自我们的智库,而且没有任何智库比AEI的影响更大。"[①]实际上，里根及其政府高层也曾以同样的溢美之词赞赏传统基金会和胡佛研究所的作用，而这些保守主义智库也正是在里根执政时期以前所未有的速度崛起的。

政治上的进取让传统基金会等新型保守主义智库一直游走在税法501（c）(3）条款的非政府组织和501（c）(4）条款的游说组织的法律分界线之上。对这两类组织，美国国家税务局（IRS）每年都会进行审计，智库一旦被发现从事政治活动，相应的法律地位将会立即被取消。在此背景下，传统基金会等意识形态智库独辟蹊径，找到了"做库"模式。

（二）"做库"时代：彻底的政治化

实际上，"做库"模式首先出现在自由主义智库中。20世纪80年代，对于保守主义智库的强势崛起和美国右派在政治上的胜利，自由派一方不甘失败，他们也开始着手建立属于自己的"传统基金会"。

1985年，民主党领导委员会（Democratic Leadership Council，DLC）成立，这是一个在501（c）(4）框架下运行的游说组织。DLC成立的时机是在民主党连续输了1980年和1984年两次总统竞选之后，其成立也与克林顿的总统竞选关系密切。克林顿在这个组织成立之初就已经成为其成员，并于1990年至1991年担任该组织的主席。[②]DLC所主张的许多方针，与克林顿任阿肯色州州

① Tevi Troy. *Devaluing the Think Tank*. National Affairs, 2012（Winter）. P.80.

② Tevi Troy. *Devaluing the Think Tank*. National Affairs, 2012（Winter）. P.75-90.

长期间执行的教育规划和救济平民政策完全一致。任 DLC 主席期间，他用数月的时间走遍 35 个州，在民主党人中间宣传该组织并在各州成立分会。[①]

1989 年，在主席克林顿的领导下，DLC 进一步成立了与之相辅相成的智库——美国进步政策研究所（Progressive Policy Institute, PPI），为民主党"设计新的思想，然后为这些思想物色代言人"。[②] 在克林顿参与总统竞选期间，正是 PPI 的研究人员为他出谋划策。比如，克林顿挑选了 PPI 的经济研究主任罗伯特·夏皮罗（Robert H. Shapiro）担任他竞选的主要经济顾问。又比如，克林顿在竞选期间就经济政策、社会政策和对外政策的"变革"发表的三次纲领性的演讲，都是由 PPI 起草的。而且，他提出的一些在美国颇得人心的口号，诸如政府要与人民达成相互负责的"新誓约"，也出自这个研究所的谋士之手。

PPI 确实为克林顿的竞选及其最终胜利发挥了重要作用，以至于很多人将其在民主党中的重要性与传统基金会在共和党一方的地位相提并论。克林顿致力于将民主党的观点从左派转为中间派，为争取美国南部和西部选民打下了政治基础。而在此过程中，从政策方案到宣传倡导，PPI 都起到了重要作用。在克林顿上任之后，PPI 提出了政策报告《变革的使命》（*Mandate for Change*）[③]，其作用更是堪比传统基金会的《领导人的职责》。1992 年克林顿赢得大选之后，PPI 获得了和传统基金会在里根时期一样的热度。不少政

① 班斯特德，徐继孔，徐青 . 比尔 · 克林顿总统［J］. 国外社会科学文摘，1997（1）：40.

② Joel Achenbach. *Wonk If You Love Clinton*. Washington Post, 1992.

③ Will Marshall, Martin Schram. *Mandate for Change*. New York：Berkeley Books, 1993.

策专家通过“旋转门”（revolving door）机制进入克林顿政府担任重要职务，比如PPI前所长约翰·波德斯塔（John Podesta），就被委任为克林顿政府白宫办公厅主任。

然而，2000年共和党的乔治·W.布什赢得总统大选，之后两年国会两院的选举中共和党占据多数，PPI的影响明显下降。2001年之后，以前支持克林顿政府的自由派政策人士普遍发现自己没有了容身之处：第一，民主党无论是在政府还是国会里面都已经被边缘化了，共和党全面掌握了政治部门；第二，美国的学术界日益专业化和狭窄化，与实际的政策过程距离较远，因而无法容纳具有政策倾向的研究人员；第三，美国自由派没有较为有力的智库来接纳这些人士，因为整个智库界的主力是诸如AEI和传统基金会这样的保守派智库。①

DLC逐渐成为历史②，自由派却在变得更加激进。2003年9月1日，以PPI为班底的美国进步中心（Center for American Progress，CAP）成立，约翰·波德斯塔成为首任总裁。CAP比PPI更加注重政策影响力，他们用于传播和沟通的资源也远高于其他自由派智库，达到其全部预算的40%。③约翰·波德斯塔吸纳了一大批著名的高级研究员，包括曾在里根政府中任助理国防部长的劳伦斯·考伯（Lawrence Korb），在克林顿政府和奥巴马政府都出任国家经济委员会（National Economic Council）主任的吉恩·斯珀林（Gene Sperling），前总统候选人约翰·爱德华兹（John Edwards）的前妻伊丽莎白·爱德华兹

---

① Tevi Troy. *Devaluing the Think Tank*. National Affairs, 2012（Winter）. P.83–84.

② https：//web.archive.org/web/20120611101033/http：//www.dlc.org/ndol_ci.cfm?kaid=86&subid=84&contentid=255239.

③ Tevi Troy. *Devaluing the Think Tank*. National Affairs, 2012（Winter）. P. 75–90.

（Elizabeth Edwards），以及曾被提名为城市学院主席的萨拉·罗森·沃塔尔（Sarah Rosen Wartell）。另一方面，美国的金融大鳄乔治·索罗斯（George Soros）对布什的外交政策极为不满，公开表示与布什的对抗已成为他“生命中最重要的事”，并投入大量资金支持各种“倒布”团体和个人，他很快成为 CAP 的重要支持者。

CAP 与奥巴马总统的关系也十分密切。早在 2008 年大选前，CAP 便加入了奥巴马的竞选团队，为其制定竞选策略，研究当选后的执政方案。经典之作是 CAP 完成《为美国而变》（*The Change for America*）一书，为奥巴马设计施政蓝图。[①] 此书在选举前就已经出版，包含了国家安全、经济发展以及能源等各个方面的分析报告以及施政建议。CAP 有意识地将此书看作自由派版本的《领导人的职责》。[②] 奥巴马上台后，CAP 的 300 余位员工中大约有 150 人进入政府，多位高管被奥巴马政府委以重任。[③] 如 CAP 的总裁约翰·波德斯塔被任命为奥巴马过渡事务主管，其行动基金执行副总裁麦乐迪·巴恩斯（Melody Barnes）则被任命为白宫国内政策委员会主任。如此惊人的“旋转门”效应，不要说布鲁金斯学会这样标榜中立的智库，哪怕是在政治上一样激进的传统基金会恐怕也很难实现。由此，CAP 在奥巴马政府中的地位也完全可以和传统基金会在里根政府、PPI 在克林顿政府相媲美了。

CAP 很快成为美国最著名的自由主义智库，也成为美国智库彻

---

① Mark Green and Michele Jolin. *The Change for America*. New York：Basic Books（First Edition），2009.

② 2014 年 1 月笔者对美国进步中心国家安全与国际政策项目高级副总裁鲁迪·德里奥（Rudy Deleon）的访谈。

③ 2018 年 1 月笔者对美国进步中心高级研究员、中国政策主管韩美妮（Melanie Hart）的访谈。

底政治化的先驱。截至 2016 年，CAP 每年的预算在 3500 万~4000 万美元，尽管和传统基金会相比差距较大，但与一般的智库相比已算实力雄厚。更为重要的是，CAP 代表了一种最为新型的智库模式，即所谓的“做库”模式。CAP 在成立之初即明确表示，其主要职责是制定新的政策构想，挑战媒体，让媒体报道真正重要的事情，并塑造美国国民辩论的话题。[①] 其宗旨是本着民主党的立场来推动自由派的经济社会政策，而不拘泥于客观的政策研究，因此明确地放弃了之前智库一直秉持或者至少假装秉承的科学中立态度。[②] 尤其值得关注的是，CAP 还于 2003 年成立了美国进步中心行动基金（Center for American Progress Action Fund, CAPAF），这是一家依照 501（c）（4）条款成立的政治游说组织，与 CAP 秉承完全一样的宗旨，在介入政治领域则要激进得多。由此，智库 CAP 与游说组织 CAPAF 合体，形成典型的“做库”模式。

在新的智库发展趋势之下，保守派也不遑多让。2008 年总统大选失败后，共和党看到了 CAP 在推动民主党胜利中的重要作用，开始仿效其成功策略。曾连续为小布什和麦凯恩担任幕僚的道格拉斯·霍尔茨·伊金（Douglas Holtz-Eakin）创立了美国行动论坛（American Action Forum, AAF），他认为无论是 AEI 还是传统基金会，在 2008 年总统竞选的过程中都没有起到作用——没有积极主动地投入到政治宣传和政治行动当中去。[③]

实际上，区别于一般智库对研究和传播两个方面的重视，传

① Center for American Progress, “About Center for American Progess.” Available at：https：//www.americanprogress.org/about/mission/.

② Tevi Troy. *Devaluing the Think Tank*. National Affairs, 2012（Winter）. P.84.

③ Tevi Troy. *Devaluing the Think Tank*. National Affairs, 2012（Winter）. P.84–85.

统基金会早在20世纪70年代就形成了“研究、传播、游说”三个支柱的雏形，并逐渐将其发展到淋漓尽致的地步，这是传统基金会区别于其他保守主义智库的“政治化”特征，也是“思想市场”模型难以触达的逻辑。那时，传统基金会“游说”功能的实现来自与共和党研究委员会的互动。因为共同的发起人埃德温·福伊尔纳，传统基金会成立以后即与共和党研究委员会保持着密切的工作关系，“但随着美国对智库的规范越来越严格，我们施展拳脚的空间也在缩窄。为了补充基金会在政策倡议方面的不足，把基金会的研究运用到对立法的推动上，‘传统行动’成立了”。[①]“传统行动”即“传统基金会行动组织”（Heritage Action for America，简称“传统行动”），这是一个遵循501（c）（4）条款而成立的机构。传统行动成立于2010年，专司政治游说。“传统基金会做研究、沟通，而‘传统行动’则做宣传、游说。我们的目标是‘传统行动’将基金会的研究成果从外部输入共和党研究委员会”。[②]按照埃德温·福伊尔纳的说法，由传统基金会到“传统行动”再到共和党研究委员会，从研究到游说功能完美的结合，整个行动链条更加完整了。据埃德温·福伊尔纳介绍，“传统行动”现在约有1万名拥趸遍布全美国，是共和党研究委员会的铁杆支持者。

“传统行动”可以合法地介入政治、介入国会，其成立的美好愿望用里根的一句话说明最恰当不过：“如果他们见不到光，那就让他们感受到温度。”[③]很明显，“传统行动”就是要让美国政治体系

① 2016年1月笔者对传统基金会发展部门主任卡斯腾·沃尔特的访谈。

② 2015年2月笔者对传统基金会前主席埃德温·福伊尔纳的访谈。

③ Lee Edwards.Heritage Board of Trustees Talk on Heritage History and Culture, 2012.

更加直接地感受到来自传统基金会的“温度”。这样赤裸裸地介入政治，让传统基金会在华盛顿智库圈备受争议，这一点也是笔者走访华盛顿智库过程中最直接的感受，多数同行都在质疑传统基金会的智库属性。对此，传统基金会发展部门主任卡斯腾·沃尔特介绍说，和其他智库相比，传统基金会和政治之间的关系更加密切，“我们本来就是政治动物，我们密切跟随国会山的举动，而且我们有一半的研究员在国会山工作过，而‘传统行动’中几乎所有的工作人员都曾就职于国会山”。[①] 对于二者的关系，传统基金会反复强调的还是传统基金会相对传统行动的主导性。正如李·爱德华兹所述，传统行动的核心力量来自传统基金会，而不是相反。这一点从预算上看很明显，据卡斯腾·沃尔特介绍，传统基金会 2015 年的预算是 8500 万美元，“传统行动”的预算则是 1200 万美元。[②] 然而，这个逻辑在外界看来并不能成立。据胡佛研究所华盛顿项目主任迈克尔·G. 弗兰克（Michael G. Franc）介绍，外界普遍的看法是“传统行动”在对传统基金会发号施令。[③]

截至 2016 年，传统基金会的年度预算已经和布鲁金斯学会相当，都在 9000 万美元左右。在“直邮模式”的有效运作下，传统基金会不仅经济实力可观，而且其“群众基础”尤为突出。据统计，2011 年，传统基金会接受了 10 万名新会员，总会员数达到了 68.5 万人。[④] 雄厚的群众基础也成为传统基金会区别于其他右翼智库的鲜明特征，为其走近民粹主义埋下了伏笔。

---

① 2016 年 1 月笔者对卡斯腾·沃尔特的访谈。

② 2016 年 2 月笔者对李·爱德华兹的访谈。

③ 2016 年 10 月笔者对迈克尔·G. 弗兰克的访谈。

④ Lee Edwards. *Leading the Way*：*The Story of Edwin Feulner and Heritage Foundation*. New York：Crown Forum, 2013. P.371.

传统基金会一直以来不仅重视精英的知识生产，而且非常重视“草根”的力量。最典型的例证是传统基金会在2010年对右翼民粹主义运动“茶党运动”的大力支持。并非偶然的是，2013年，来自南卡罗来纳州的共和党参议员吉姆·德敏特成为埃德温·福伊尔纳的继任者，这位继任者正是国会茶党党团会议（Tea Party Caucus）的领导人。对此，传统基金会的董事会主席汤姆·桑德斯（Tom Saunders）解释道：“他对于我们国家建国原则的奉献精神以及他将政策想法转变为行动的能力，都将领导传统基金会走向更大的成功。”[①] 德敏特也确实有这样的政治实力：《国家杂志》（*The National Journal*）曾将德敏特列为最保守参议员之一，全国纳税人联盟（National Taxpayers Union）则将其列为一号参议员。

德敏特的优势在于政治，传统基金会在他的领导下也就成了“近水楼台”，更加政治化。直接的影响是，传统基金会的研究人员在流失，其与共和党研究委员会的关系也在发生变化。2013年，在一个涉及农业法案的争议中，共和党研究委员会中的172名保守派议员一改过去的长久习惯，集体宣布禁止传统基金会的人员参与其每周例会。[②] 2015年2月，笔者与埃德温·福伊尔纳的交流也印证了这一点，在提及与共和党研究委员会的关系时，尽管他还能举例说明两者关系正常，但也不得不承认，“现在更复杂了，因为我的继任者在过去的两年里，不能直接跟他之前在国会的同

---

① Lee Edwards. *Leading the Way : The Story of Edwin Feulner and Heritage Foundat*ion. New York : Crown Forum, 2013. P.392.

② Tim Alberts. “Republican Lawmakers Retaliate Against Heritage Foundation.” Available at : https : //www.nationaljournal.com/s/71633/republican-lawmakers-retaliate-against-heritage-foundation.

事或者其他议员进行沟通”。

据李·爱德华兹介绍，两者关系变化的根本原因在于，“传统行动”认为共和党研究委员会不够“保守”。“传统行动”每年会通过研究国会投票以及立法活动来对国会议员进行保守度的排名，分数从0~100%。共和党研究委员会的成员以前的平均得分是85%~95%。但是，“传统行动”第113次排名（即2013年至2014年排名）结果显示，共和党研究委员会的成员得分只有60%~70%。[①]其中参议院共和党在此次排名中平均得分为63%，而众议院共和党的平均得分只有61%，众议院发言人保尔·瑞恩（Paul Ryan）得分为66%。这样的得分令许多共和党研究委员会成员颇为光火，他们就此发表了许多个人看法。例如，佐治亚州共和党代表奥斯丁·斯科特（Austin Scott）表示：“保尔·瑞恩为了使我们国家朝着正确的方向前进做出了很大努力。他的思想非常符合保守派最根本的信念和标准。如果保尔·瑞恩的得分只有66%的话，我们就没有人能够达到‘传统行动’的标准。‘传统行动’设立这种无法实现的标准会有损我们的目标。”[②]

在“做库”模式下，游说带来的对研究的“挤出效应”正在形成，智库内部不仅原有的高级研究人员在流失，新加入的工作人员的学历也明显降低。据统计，在1960年之前建立的智库当中，有53%以上的研究人员拥有博士学位；在1960年至1980年建立

① The Heritage Action for America. The Heritage Action Scorecard 113th（13–14）Available at：http：//www.heritageactionscorecard.com/about.

② Beth Ethier . GOP Lawmakers Chafe at Heritage Foundation’s “Unachievable Standard” of Conservatism. Available at：http：//www.slate.com/blogs/the_slatest/2015/01/28/heritage_scorecard_gop_lawmakers_complain_about_the_foundation_s_ultra_Conservative.html .

的智库中，有 23% 的人拥有博士学位；而在 1980 年之后建立的智库当中，只有 13% 的人经受过最高学位的教育。[①]

至此，美国智库的最新潮流是与政治游说组织合谋。其特殊之处在于，这还是美国历史上第一次由一个真正的智库成立一个与之相应的游说组织。此前，更普遍的情况是，政策游说型组织去创建属于自己的智库，而不是相反。比如，美国全国步枪协会（National Rifle Association）[②]，就有为其提供研究支持的美国全国步枪协会基金会（The NRA Foundation）[③]，其目的在于通过智库的成果更好地支持游说。“做库”模式下的智库则试图通过成立相对独立的游说组织，将带有强烈意识形态色彩的政策方案输入政治体系，实现政治结果。如此鲜明的政治特征，至少呈现了这样一个事实：以“做库”模式为标志，美国意识形态智库正在经历一次彻底的政治化转型。

---

① Tevi Troy. *Devaluing the Think Tank*. National Affairs, 2012（Winter）. P.86.

② 关于美国全国步枪协会的介绍，参见 https：//home.nra.org。

③ 关于美国全国步枪协会基金会的介绍，参见 https：//www.nrafoundation.org/about-us。

访谈实录：PIIE 何以成为顶尖中立智库

访问时间：2014 年 1 月 13 日

访问机构：彼得森国际经济研究所

访问人物：弗雷德·伯格斯坦

弗雷德·伯格斯坦是彼得森国际经济研究所（PIIE）名誉所长及资深研究员。他是彼得森国际经济研究所的创始人，于 1981 年至 2012 年担任所长。他是总统贸易政策与谈判内阁成员，进出口银行顾问团成员，也是美印贸易政策论坛私人部门顾问团体共同主席。

弗雷德·伯格斯坦在 1977 年至 1981 年曾担任美国财政部负责国际事务的助理部长，1980 年至 1981 年曾担任财政部货币政策方面的副部长，在 G-5 会议执委以及 G-7 峰会的准备工作中代表美国。弗雷德·伯格斯坦于 1993 年至 1995 年曾任 APEC（亚太经合组织）论坛杰出人士小组主席，其间撰写了三份建议“地区贸易自由化及公开化”的报告，这些建议在 1993 年与 1994 年的 APEC 领袖峰会中被采用，至今在跨太平洋合作中的各国也都采用了这些建议。他还曾是 1991 年至 1995 年的竞争力政策委员会主席，这个委员会包括了 12 名企业总裁、工会领袖以及内阁成员。他还曾经担任过“影子 G-8”的主席。

弗雷德·伯格斯坦被认为是 1997 年至 2005 年所有智库中被引用最多的经济学家（至今该项数据没有新的统计被发布）。在“全球最能推动市场的 50 人”中，弗雷德·伯格斯坦排名第 37 位。《今日美国》将他评选为“十位最能改变你人生”的人物之一。其关于中美经济的观点在全球广受关注。

PIIE 成功的关键

提问：在 31 年的时间里，您作为 PIIE 的领军人物，是如何使它成为世界顶尖智库的？您的秘诀是什么？

弗雷德·伯格斯坦：我不觉得我有万能的秘诀，从创立起我们遵循了数个关键策略。中国的情况跟美国不同——事实上每个国家都是不同的。我为很多国家的智库提过建议，它们每个都不同。所以你们必须按照自己的国情做出调整，才能让智库更有效率及影响力。十八届三中全会后，智库在中国更受重视，也逐渐变得更有影响力了。美国的情况也很类似，政府本身的需求很重要。当美国财政部部长，或者 USTR（美国商业代表办公室）想要推动某些倡议时，他们会专门为五六个顶尖智库设立一个简报会。比如，我、亚当（PIIE 新所长亚当·珀森）以及其他几个人曾被内阁卢秘书（卢沛宁）专门请去一个为顶级智库领导设置的简报会，我们所说的内容可能对政府的某些倡议能否成功产生重大影响。在政府着眼于创造泛太平洋合作关系时，美国贸易代表迈克尔·弗罗曼（Michael Froman）专门为 PIIE 几位管理者举办了早餐会，不仅是为了让 PIIE 知道他在做什么，也为了赢得 PIIE 的支持。PIIE 的影响力如此之大，以至于 PIIE 经常被政府高层官员积极游说。上个月议会有一场关于货币及汇率的重大活动，在很多参议员及众议员出席的会议中，我担任了带头发言人。显然，在这方面 PIIE 也很有影响力。

这是为什么呢？我觉得 PIIE 在美国成功的第一重要因素是客观，PIIE 的研究非常注重不受任何特定偏见和立场的影响。PIIE 没有政治立场，也没有跟任何特定的利益集团、公司、工会或者其他集团有利益关系。我们的研究之所以这么受欢迎，正是因为我们的研究不会受特定的偏见、政治立场、政府部门或商业集团所左右。这样一来，寻求我们帮助的人会知道，他们得到的答案是我们对某个特定问题所能做出的最好分析，是处理这个问题的最好方法。对于PIIE，最关键的就是我们的独立性，以及所有人都知道PIIE具有这样的独立性。我强调这些是因为这是美国模式。而日本模式是非常不同的，日本有很多智库，它们不是由政府组建，就是由公司组建。从三菱研究学会、日本经济贸易工业部研究学会可以发现，这些研究来自“智库”，但却是基于某个特定的观点和立场的，而这个立场就决定了研究结果。因此它们大部分的成果都不会被十分严肃地对待。这有点儿可惜，因为有些研究挺不错的，但问题在于人们都觉得这些研究结果是有偏见性的。

当然，从全球范围考虑，智库模式基本就是美国模式和日本模式这两种。在美国模式下，智库努力创造一个从财政到人员上具有独立性的机构，比如PIIE。在日本模式下，智库由特定商业组织或政府机构创立，其观点不可避免地反映出其所在机构的偏见。PIIE一直遵循的原则是保持独立性。在创立PIIE之前的四年，我在民主党治下的美国财政部工作。而在那之前，我在共和党治下的白宫工作。所以我本人比较中立，我致力于创造一个无党派的机构形象，而且成功了。在有关智库的调查投票中，在最顶尖的20个智库里，只有PIIE以及CSIS被认为是完全中立、客观的。甚至布鲁金斯学会都被认为是有些“左倾”的，其他的有些较为右倾。但只有这两家在众议院调查中以及媒体调查中都被认为是客观、独立以及中立的，这非常重要。

第二重要的是智库成果的质量，有时候划分最重要和第二重要的元素并不容易，因为它们是彼此相关的。PIIE 成果的质量必须是最高等级的。我常说，PIIE 不是在给学术界的受众做报告，但还是要遵循学术界的最高标准，因为这样才能让学术界以及知识分子们支持并且同意 PIIE 所说的话——即使他们并不支持这些结论。PIIE 希望自己做的一切成果都在最高标准的分析水平上，这样全世界的经济学家都会认为 PIIE 所做的工作在学术与知识层面达到了最高水平。有时候 PIIE 的研究会引发火热的争论，但即使 PIIE 的反对者也会觉得，PIIE 的研究和产品是最高水平的。只要有最好的研究、有对与政策相关问题最好的分析，和从外表到实际的客观性以及信誉，那么这家智库就拥有了成功所需的最重要的元素。

第三点是议题设置。PIIE 研究员可以研究最尖端的问题。PIIE 一直有"滚动议题机制"（Rolling Agenda Mechanism）的程序——持续预判未来两三年内最重要的话题。有时候会更长期，但大部分时间都是中期——两三年到五年之间。结合我们从政府官员、商业领袖以及其他学术机构等得到的新信息，PIIE 也会不停地改变这些课题。PIIE 总会努力预测未来几年可能成为关键的问题。PIIE 会赶在这些问题成为政策制定者最优先关注事项之前，完成解决这些问题的研究报告。如果 PIIE 工作做得够好，就能准备足够的对策及建议。当然，完全预测准确不太可能。PIIE 会遗漏一些关键问题，或者预测到的问题最终没有成为关键问题。但总体来讲，对于中期方面政策制定者可能关心的问题，PIIE 的预估还是非常不错的。这十分重要，特别是对于较小型的智库来说，可以安排最核心的人员对未来可能成为最关键的问题做研究。

对于这三点策略，PIIE 将它们混合成为一体，这是 PIIE 这些年成功的关键。

提问：您怎样看待“旋转门”效应？

弗雷德·伯格斯坦：我觉得“旋转门”其实有双面性。确实，一名出自民主党内的人可能会在面对民主党以及未来的民主党政府时有优势，但他在面对共和党人士的时候可能就没有那么方便了。假如是从政府中出来的技术人员，可能不是太大的问题，但旋转门一般指那些曾经在政府中地位较高的人。很有趣的是，在PIIE中，“旋转门”效应很少。我在创办PIIE之前在政府工作了很久，但那是在创办之前，之后就再也没有在政府工作了。PIIE的资深研究员中有一些曾经在政府中任职，这段经历有助于他们跟政府人员打交道，但是没有任何人是从PIIE这里进入政府的。PIIE也较少接受从政府出来的人员，有几位来自IMF（国际货币基金组织），还有几位来自美联储。但是美联储有些不同，它本身就要更具有技术性。因此，PIIE几乎没有“旋转门”效应。

回到我刚刚说过的声誉问题上，PIIE一直能够有效地与两党的政府人员打交道，也一直能与议会中两党的议员很好地工作。而假如PIIE形象带有哪怕一点儿政党倾向性，可能这些就无法实现了。是否有党派倾向性的形象，是根据从政府某一党中出来的人产生的。假如我被任命为财政部部长，人们会说是带着自己的想法与自己的团队进入政府的。只有在非常罕见的情况下，这才可能发生，而且一般都是在更低层的政府部门中。PIIE的策略还是尽量远离这些政治事务，包括不用“旋转门”。私下里我可以告诉你，曾经有些人从政府中出来想要加入我们，但是我拒绝了。因为他们的主要目的可能是在政党换届时回到政府中去任职。这是真正的“旋转门”效应，一旦我们接受这些人员，他们可能会更多地专注于回到政府部门中，而且他们会带有自党的政治偏见，也因此会影响智库的无党派名声。

持续保持影响力是最大的难题

提问：我们知道创建一家智库并使之持续领先是一个很困难的过程，在您担任所长的31年中，您认为哪一项任务是最困难的？您是怎么解决它的？

弗雷德·伯格斯坦：有一个难题一直存在，那就是如何在飞速变化的世界中持续保持智库的影响力。例如，PIIE最初的时候发行了很多书，但是现在很少有人这么做了。那么机构要如何调整、应对媒介的变化，来维持影响力？这是很困难的，也是我们一直在讨论的。难点在于我们不知道PIIE在这些渠道中的影响力如何。我们有自己的网站、博客，但是没有办法确切衡量这些产品带来的影响力。统计数字是十分困难的，我们也不知道谁是这些产品的读者。从管理层角度来看，这一点是一个持续的难题。我们迎来了媒体的结构性改变和传播方式的变化，如何能让信息更有效地传播是一个问题。

另一个是全球化的问题。全球化意味着我们所处理的每一个问题，无论大小，都变成了一个全球化的课题，这也是智库会受到全球化影响的原因。人们突然发现，中国或者欧洲等地的一些决策会影响他们的日常生活。全球化使做决定的人越来越多，范围越来越广泛，包括政府决策者、本地居民、中小企业者。所以我们现在要把工作目标的范围扩大，了解更多人的需求，将信息传递给他们。理解全球化所带来的群体和交流方式的相互作用，对于智库的工作至关重要。

提问：您如何确保PIIE在政策制定者中的影响力？

弗雷德·伯格斯坦：影响力是一个复杂的问题，从正规角度来说，PIIE 使用多种途径发布成果——比如出版书籍、发布政策简报、在媒体上做访谈等。PIIE 有一系列网络出版物、采访成果、公开会议的网络视频，PIIE 也会在一些公开会议上邀请参与整个政策制定的人员来参加研究成果的发布，PIIE 还会跟媒体一起做特殊简报。媒体很重要，假如能在一个好的媒体上发布几个有关研究的故事，这将会在政策制定者间带来非常大的传播度。PIIE 一直向上层政策制定者提供简报，有时候他们会请 PIIE 做，有时候不会，但 PIIE 一直会将报告寄给他们。有时候他们自己会读，有时候他们的助手会阅读并写一份简要报告给他们。PIIE 也会在国会上发表证词——上个月我做过一次，上周 PIIE 一个研究员做过一次，有关银行监管问题及其世界影响，还有量化宽松的影响。

关键在于，要掌握最重要的渠道来发布研究成果以及向上层政策制定者提供政策建议。一项很重要的事情——至少在 PIIE 是这样，就是不仅要面对政策制定者本人，还要面对政策制定的相关群体，即那些会影响政策制定的人群，比如记者、商人、意见领袖等。PIIE 试着让其研究也面向他们，这样当他们与政策制定者交流的时候，会记着 PIIE 提出的意见。这是一个非常复杂的程序，要熟悉不同的渠道以及个人关系。比如说，财政部部长平常会跟谁一起喝上一杯，一起聊天？不管那是谁，你会希望他能够了解 PIIE 的意见，最好能同意 PIIE 的看法。

20 年前情况还不是这样的。事实上 PIIE 是最早开始注意这些并创建了向外拓展程序的智库之一。30 年前我在布鲁金斯学会，基本只是完成研究，然后把它放到阅读架上，希望有人会看——当然了，结果没人去看。即使是布鲁金斯学会，那时候也没有系统化地在做对外拓展。所以，在 PIIE 刚创立的时候，我注意将拓展做成系统化的程序，现在所有智库——至少好的智库都在这么做了。

智库必须具有明确的目的性、进取性的拓展策略。事实上，布鲁金斯学会等智库早年间没有这么做是因为他们觉得这样是有点儿卑微的。“我们是研究者，研究者就应该做研究。”但这是错的。当PIIE的研究员完成一本书的时候，我总会告诉他们：“书写得很好，现在你的工作完成一半了！”他们会问：“另一半是什么？”我就会告诉他们：“卖掉它，出门去向你的听众传达你的意见。”我们一直拥有非常具有进取性的拓展传播策略。

提问：作为一家智库的掌门人，您怎么看待研究能力、筹款能力、市场营销等因素？哪个是更重要的？

弗雷德·伯格斯坦：所有的东西都很重要，很难从中选一。更重要的是它们之间互相作用。

提问：在PIIE担任所长期间，您的主要职责是什么？

弗雷德·伯格斯坦：我个人负责研究工作，这也是创立这个机构的目的。之后需要卖出研究成果，将它市场化，使之被其他人所采纳。整个机构之所以能够很强大是因为PIIE拥有15~20位高级成员，他们各自擅长不同的领域，涉及中国、印度、俄罗斯等国家。这个团队一直以来没有大的变动，当然不排除少部分员工退休或者离职。但是如果对比几年前，你可以发现整个机构是基本稳定的。

当然，作为CEO，可能需要一些公众曝光度或者发表一些演讲。我不知道这是不是正确的，出名既有好处也有坏处。当我建立这个机构的时候，有人说这是我的机构。但是我想说的是，建立这个机构不是为了我个人。

PIIE 高水平的质量保证体系

提问：你们如何保证研究成果的质量？

弗雷德·伯格斯坦：对于研究，PIIE 有非常严格的程序。做研究的时候，PIIE 会经常开会，与机构内的同僚，以及机构外该问题所在领域的专家进行讨论和头脑风暴。PIIE 还会设立专门的研究小组，来检查每项研究的质量。在研究期间，PIIE 也会定期开会，听取专家们的反馈。在机构内——这也是组织成员要有足够的规模的原因——PIIE 会让研究员之间不停地进行交流与合作，这样 PIIE 成员能够一直互相提建议。虽然 PIIE 研究员都是不同领域的专家，但这些领域之间有足够的共通性，使他们会对彼此的工作有相当的兴趣及了解，也能够互相提出建议。所以从研究一开始，PIIE 成员就时常开讨论会，进行头脑风暴，不停地互相帮助。我要强调，有一个比较大的会议室还是很重要的，而且让大家都在机构里办公也非常有意义，虽然并不容易做到。另外，PIIE 会让机构外的专家在一定的时期加入学习小组，以非正规会议等来讨论问题。

当 PIIE 的研究已经完整地准备好之后，会有正规的评审会议，邀请四五名业内专家，仔细地阅读整个研究，并给出评论。我写的一本书就正在这样的程序之中。这非常有帮助，我可以得到不同的观点，同时跟一些平常不太见面的专家们交流。

PIIE 有一套非常严格的评审程序。在确定报告水平合格之前，PIIE 绝不会发布任何一份报告。也许我们不同意研究的结论，但那不是关键——我们不会去试着影响 PIIE 的研究员说些什么——关键是，我们会在质量上把关，保证成果能够达到 PIIE 所要求的高标准，以此维持机构的名声和信誉。

提问：你们的“滚动议题机制”非常有名。请问您如何确保“滚动议题”的质量？

弗雷德·伯格斯坦：这也没有什么神秘之处。唯一的办法就是张开你的耳朵，注意来自聪明人的一切信息，让一些机构外的人参与其中，特别是一些与政策制定密切相关的人。如现任政府官员，有时候他们会十分直接地说：“我们未来两年可能会遇到这些问题，而我们一点儿也不知道该怎么办，你们能帮忙吗？”劳伦斯·萨默斯（Lawrence H. Summers）是一个很有代表性的例子，他非常有智慧，是世界级的经济学家。PIIE 经常与他进行头脑风暴会议，包括当他是财政部部长、奥巴马政府白宫顾问的时候。他会打电话问 PIIE，总统要去亚洲了，他想要发起一些倡议，我们能告诉他什么。然后我就会叫他过来，讨论出一个结果，告诉总统应该如何做。TPP 就是这么诞生的。所以与一些政府官员，特别是头脑清醒、具有预见性的官员保持联系是一个重要的方法。有时候前任官员或者是成功商人也有帮助，他们会注意预期未来的情况，考虑他们需要注意的政策问题，因此会一直向前看。PIIE 有企业顾问协会（Corporate Advisory Committee），他们每年来几次，向 PIIE 阐述从他们的角度看会出现的问题。他们经常会注意到甚至连 PIIE 都没有想过的问题。再比如一些优秀的记者，虽然他们一直在写现在的情况，但他们也常常会注意未来的境况。

所以注意接受来自政策制定团体的信息与观点十分关键。此外就是依靠你自己的感觉了。我曾经与政策制定密切相关，参与过白宫和财政部工作，所以我对政策制定有很不错的感觉。当 PIIE 做出未来可能成为重要问题的列表单以后，我会依靠这些感觉来判断列表中最重要的是哪个。这完全依靠判断，我做出了一些很好的判断，当然也漏掉了一些。我想，最关键的还是随时关注并且订正“滚动议题”，与政策制定团体中有想法、信息灵通的人交流。

提问：设置“滚动议题”是靠您的一己之力，还是依靠团队一起来制定？

弗雷德·伯格斯坦：我总是说，这是属于每个人的工作，每个人都要负责自己领域的问题，这对他们自己的研究计划和安排也有好处。因为每个人都希望能在政策上做出最大的贡献，所以每个人都会思考他们应该在哪部分努力。然后PIIE会把这些问题加入组织的“为什么”讨论中。正如我之前所说的——“协作”,PIIE的研究员会在一起频繁地讨论：怎么组织研究是最好的？哪些问题是最重要的？PIIE能够做出最大贡献的领域是哪里？PIIE的能力有哪些？最终主管会选定列表上最重要的，特别是我们觉得是关键性的问题，并确保有人在研究它。而每个人都有参与的机会，也会提升所有人的积极性，让大家更加渴望参与到研究中去。

提问：在智库开展的课题研究中，有些是从领导层分派下来的，有些是由底层研究人员提出的，您更偏重哪种课题？

弗雷德·伯格斯坦：PIIE的研究队伍很出色，我希望更多的是底层研究人员提出并完成的、有关他们各自研究领域的研究课题。但是很多是来自高层的，包括公司的CEO和其他领导，在一些讨论会或者其他场合，他们会单独和我提出这些想法，我再将想法提供给其他人一起讨论。这两种情况大概各占一半。两种方法都是有效的，取决于智库研究员和讨论嘉宾的质量。另外，其他成员——包括商人、律师、记者等——也可以从外界提出不同的想法，并把这些想法带给我或者 PIIE 团队。

中国金融四十人论坛
CHINA FINANCE 40 FORUM

第四章

保守主义智库的“政治前途”

20世纪80年代，美国保守派实现了对20世纪60年代自由派建制的政治反转，完成了从思潮到实践的惊人一跃。从保守主义运动出发，保守派在融合主义的旗帜下团结到一起，进而掌握了共和党，将美国政治带入两极化时代。这可谓现代政治史上不寻常的一笔。

美国政治上的两极化催生了对意识形态智库的需求。20世纪70年代，美国新型保守主义智库趁势兴起，传统基金会对标老牌智库布鲁金斯学会，不仅实现了在财务基础和影响力方面的旗鼓相当，也取得了政治体系内更为重要的地位。由此带来的对美国智库和政治体系的影响，发人深思。

本章试图通过综观保守主义智库的兴起评估其政治角色和历史作用，并剖析美国政策制定文化的演变，展望美国智库的“政治前途”——分析其政治影响力的空间及可能的政治组织的性质。

一、问题与主义：谁主沉浮?

保守主义智库的出现及其协助保守派取得政治上的成功，是一个反对既有政治建制的典型例子，美国政治也由此形成了左右两极的政治格局。

从罗斯福新政以来，美国式的自由主义就占据了政府和社会的各个方面，特别是涉及文化、知识和传播方面的各种机构，都是自由主义占据主宰地位，对于自由主义不满的保守主义知识分子和秉承自由市场理念的商界人士只能默默无闻，没有发声的渠道来影响政治过程。更为重要的是，美国政府和政党一直以来都不承担提供思想和观念的功能，精英大学自然成为传统上思想和观念的提供者。正是由于自由主义的首批反对者（包括新左派和反文化运动）来自美国精英大学，并最终回到美国精英大学担任教职，美国精英大学也一直是美国自由派的栖身之所，直至今日仍然如此。2005 年，一份针对大学教职工的调研显示，大学中超过 72% 的教职工持有自由或偏左观点，而仅有 15% 持保守观点。调研还发现，自 1980 年以来学术界的观点越来越“左倾”，这是因为 20 世纪 60 年代的那代人已经掌控了学术界。[①] 另外，保守派不仅无法利用大学的知识优势和文化资本，还在大学中受到非常严重的排挤和压制。一个明显的例子是，政治上如此成功的里根，是美国历史上唯一一位在大学中没有以自己的名字命名学院的总统。

20 世纪 60 年代，美国自由派不仅在大学和学术界占据支配性地位，在政治上也是如日中天。保守派要实现政治上的崛起，首先面临着没有体制来附着其思想的窘境：政府、大学、媒体、基金会都掌握在自由派手中。保守主义知识分子迫切希望建立自己的体制性机构，承载他们的思想。1964 年戈德华特竞选总统惨败，进一步刺激了这种冲动。美国保守主义运动的有识之士开始寻找思想和观念发挥政治影响的替代方式——保守派需要属于自己的“大学”。新型保守主义智库应运而兴，成为保守主义运动和保守派的体制性支撑力量。传统基金会以政治使命为其发展的内在动

① James Piereson. *Shattered Consensus*：*The Rise and Decline of America's Postwar Political Order*. New York：Encounter Books, 2015. P.263.

力，开创了一种新的观念生产和营销模式，也重新定义了一种特殊的智库类型：智库本身不仅仅是一个研究机构，而且是一个传播机构、一个政治组织中心和政治力量的根据地，以及一个“知识右派的总司令部”。[①]

实际上，当今美国主流的智库模式是较为晚近的产物。虽然一般论述会将智库的历史起源锚定在1916年的布鲁金斯学会，但是布鲁金斯学会坚守科学研究和“消极传播”的态度，并非今日美国智库的典型，而毋宁说只是智库的一种原型。20世纪下半期美国政治本身的历史变迁，尤其是意识形态政治与政党政治的融合，让保守主义智库在研究和传播的基础上，实现了政治游说的功能。

介入政治对于智库而言，从来都是一把双刃剑。一方面，智库政治功能的实现可以最直接地扩大其影响力；另一方面，也很容易将智库卷入政治斗争的旋涡，使之沦为政治上的工具。尤其是21世纪以来，民主党和共和党的新智库多是两党败选之后的产物，这种模式被概括为“失去一次选举，获得一个智库”（losing an election, gaining a think tank）。[②]败选的政党都希望通过建立智库来推动自己在华盛顿的影响力，并使之成为东山再起的根据地。

比较而言，美国20世纪60年代开始兴起的保守主义思潮虽然在某些方面与欧洲的保守主义传统有延续关系，但也有较大的不同。一方面，美国保守主义秉承了欧洲（特别是英国伯克式的）保守主义的特征，即反对根据理性来完全改造世界的冲动，强调

① John Micklethwait and Adrian Wooldridge. *The Right Nation*：*Conservative Power in America*. New York：Penguin, 2005. P. 160.

② Tevi Troy. *Devaluing the Think Tank*. National Affairs, Winter 2012. P.76.

“人的抽象的理性能力的局限性”，强调社会传统和历史习俗，等等。[①]但另一方面，欧洲的保守主义多强调少数人相对于大多数人的自由，即免受“多数的暴政”[②]，因而更多地带有贵族反对平民革命的色彩。而与之相反，美国的保守主义却深深地带有草根运动的特征，即以信奉传统宗教和社会价值的社会普通民众作为政治运动的根基，其守卫的核心价值是传统的，但其动员方式尤其是智库的介入却是非常现代的。

回首保守主义智库兴起的根源，可以追溯到美国政治的两极化，尤其是意识形态与两党结盟之后：20 世纪 60 年代，在共和党与保守派结盟的同时，自由派也与民主党走到了一起，美国政党和政治的意识形态化由此日渐严重。两极化的结果是，美国政治运作和政治斗争高度意识形态化，政策问题也随着意识形态争论和党派斗争而政治化，并分化为自由派和保守派的各自政策论述。可以说，美国政治在 20 世纪 60 年代发生了重大变化，主要表现在意识形态政治的兴起。之前的美国政治更多地秉承实用主义的态度，强调解决问题，而非争论是非。

2015 年 10 月，美国全国选举研究组织（ANES）发布的一份调查结果显示，1972 年，56% 的保守派人士是共和党人；而到了 2012 年，76% 的保守派人士是共和党人；[③]很多原本属于其他群体的保守派，转向了共和党阵营。同样在 1972 年，20% 的自由派是

① 刘军宁 . 保守主义［M］. 北京：东方出版社，2014 ：4.

② ［法］托克维尔著 . 论美国的民主［M］. 董果良，译 . 北京：商务印书馆，1989.

③ The American National Election Studies. “The Anes Guide to Public Opinion and Electoral Behavior. ” Available at : http : //www.electionstudies.org/nesguide/2ndtable/t2a_2_2.htm.

共和党人；但到了2012年，只有7%的自由派是共和党人。[①]目前，共和党人当中大概70%是保守派，而民主党中则有近一半的自由派。[②]因为自由派和保守派更多地集中在特定的党派中，美国的政策制定文化也更多地染上了政治的色彩。当一个政策建议被提出时，同意的人几乎全部集中在一个党派里，不同意的人则集中在另一个党派中。

意识形态和政策问题开始深度地交织在一起，甚至一些纯粹政策性的问题也被意识形态化，其中最为重大的争论点就是堕胎问题。早在20世纪60年代，随着女性主义运动的不断高涨，男女平等的社会意识逐渐增强，堕胎就成为女性主义运动的一个核心争论点，并且成为一种意识形态化的政策问题。1973年，美国联邦最高法院打破之前各州对于堕胎的禁止令，在“罗伊诉韦德”（Roe v. Wade）一案中判定，女性在怀孕的前三个月具有独立自主的堕胎权；在中间三个月则需要在个人权利和各州保护胎儿的利益之间进行平衡；在最后三个月，各州政府具有保护胎儿的重大责任，因此可以根据法律限制堕胎。[③]美国联邦最高法院本意是在个人权利和州政府保护公共利益之间实现平衡，在堕胎权和胎儿权利之间实现调和，然而判决却在发出之后激起了更大的争议，美国民众随之分裂成为支持选择（pro-choice）和支

① The American National Election Studies. “The Anes Guide to Public Opinion and Electoral Behavior. ” Available at：http：//www.electionstudies.org/nesguide/2ndtable/t2a_2_2.htm.

② Chris Cillizza. Democrats Are More Liberal Today than at any Point in the Last 15 Years. The Washington Post, June 18, 2015. Available at：https：//www.washingtonpost.com/news/the-fix/wp/2015/06/18/democrats-are-more-liberal-today-than-at-anytime-in-the-last-15-years/.

③ Roe v. Wade, 410 U.S. 113（1973）.

持生命（pro-life）两大阵营，争论不休。堕胎问题因此也成为全美最大的政治问题，几乎每次总统大选都会围绕这个议题进行辩论。与此相关的很多公共政策问题也因此与意识形态问题搅和到一起，比如是否应该运用公共财政来支持堕胎，是否应该允许医疗产业支持堕胎等。

这种两极化的情况后来又在20世纪90年代美国的政治体系中快速发酵。2016年7月，美国三位经济学家在针对1873年至2009年美国国会发言稿展开研究后发现，从1990年至1994年国会内部的发言党派性程度大增：有党派属性的数据从55%大幅上升至83%，甚至于针对同一事件共和党和民主党偏向于使用不同的语言。例如，关于遗产税的表述，共和党员们会说death tax，而民主党员则说estate tax。[①] 这种语言上的派性，很大程度上反映了美国政治两极化的程度以及两党在同一议题上冲突的增强。

同一时期的政治背景是，1994年共和党成功赢得众议院多数席位，实现了共和党自1948年以来的重大突破，也给美国政坛带来了巨大影响。在共和党的历史上，众议院议长金里奇的作用堪比里根，同样经历了16年的漫长等待，他最终实现了自己政治上的成功。[②] 金里奇在任上推行的政党联合平台，以《与美国的契约》（*Contract with America*）明确规定了共和党在内政（税收、犯罪及政府效率方面）等方面可以采取的行动方针，实现了共和党在内政问题上的领导地位，也进一步推进了共和党内部在一些重要

① Matthew Gentzkow, Jesse M. Shapiro, Matt Taddy. National Bureau of Economic Research Working Paper Series–*Measuring Polarization in High–Dimensional Data : Method and Application to Congressional Speech*, 2016.

② Lee Edwards. *A Brief History of the Modern American Conservative Movement*. 2004. P.91.

议题上的一致性。[①]

美国社会和政治体系意识形态化的另一个重要方面，是科技的发展及其助力下的新型媒体的贡献。区别于传统媒体时代，现代社会中可以提供信息的新媒体、自媒体让政治更容易深入到社会的神经，也让社会的每一个个体的声音更容易传递到整个社会，甚至影响政治走向，这在四五十年前是没有可能的。今天，媒体行业由大量的微小媒体团体组成，不受控于大型媒体集团。过去所谓的媒体就是三大电视网（哥伦比亚广播公司、全国广播公司、美国广播公司）、三到四家主流报纸、一两份重要的杂志，它们主导了 90% 或更多的媒体。今天，新闻来源是如此广泛，许多网站为某些观点提供带有意识形态倾向的支持，各路观点通过广告或候选人进入政治市场，对政治生态的变化起到了重要的作用，直接加剧了美国政治和政策议题的两极化。

客观而言，到了 20 世纪后半期，由于现代社会日趋复杂，政治家都没有充足的时间来对具体议题进行深入研究。一是意识形态斗争日趋激烈，选举压力增大；二是与意识形态掺杂在一起的社会问题（种族、性别、社会福利等）层出不穷；三是现代经济社会的发展日新月异，各个学科内部的细化也更为深入。政治家应付选民压力和政治集团压力尚不能及，更无暇进行深入的研究。像 20 世纪初期那样由一位专业人士、大学校长伍德罗·威尔逊（Woodrow Wilson）担任总统的情况已经不大可能再现了。

总之，20 世纪 60 年代以来，一方面，政治问题日益变成政策

① Matthew Gentzkow, Jesse M. Shapiro, Matt Taddy. National Bureau of Economic Research Working Paper Series–*Measuring Polarization in High–Dimensional Data: Method and Application to Congressional Speech*, 2016.

问题，成了专业问题，必须由专家来回答；另一方面，政治问题变成了意识形态问题，成为党派斗争的焦点。专业化加上政治化，导致公共政策问题既不能完全成为一个技术性问题，也不完全是一个普通民众可以直接参与的大众辩论，从而为意识形态智库的兴起提供了重要的背景。以传统基金会为代表的意识形态智库一方面可以将政策议题转化为政治家可以听得懂的语言，使保守派更有能力参与政治决策中，另一方面可以将政策议题转化为普通民众可以听得懂的语言，从而可以在选举当中争夺民意，进一步为政治家服务。

意识形态智库经常被认为是对于智库原初目的和模式的背弃。在美国总统威尔逊看来，尽管由具有理性分析能力的专家来进行统治的模式比交由多元的利益集团进行民主协商决策具有更大的吸引力，但是问题在于，专家治国会破坏民主的基本精神，使政策制定过程中有越来越多普通百姓无法知晓和理解的术语讨论，从而使民主丧失了普通公民基于常识而进行的判断。[①] 实际上，美国早期智库的理想恰恰就是建立在认为基于民主基础上的利益集团无法达成理智而清晰的政策决议这一观点上，才逐渐成长起来的。然而，随着时代的变化，尤其是 20 世纪 60 年代以来意识形态斗争的日趋激化，美国智库开始越来越深入地介入民主领域。

强调代议制基础上的专家治国和强调民众意志的大众政府模式一直构成了美国宪政思想中的两股相互对立的潮流。前者以建国初期的联邦党人为代表，强调大众舆论容易导致混乱的党争，因而希望通过代议制的制度设计来保证选举出具有专业知识和专

① James A. Smith. *The Idea Brokers：Think Tanks and the Rise of the New Policy Elite*. New York：The Free Press, 1991.

业精神的贤人来进行统治，某种意义上是绅士治国，如精通经济的亚历山大·汉密尔顿（Alexander Hamilton）担任第一届政府财政部部长就是此例。以詹姆斯·麦迪逊（James Madison）为代表的联邦党人特别担心平民暴政会摧毁联邦党人基于政治科学为美国设计的代议民主政体。[①] 而与之相对的是秉承法国大革命思想的托马斯·杰斐逊（Thomas Jefferson）。托马斯·杰斐逊认为，人民才是一个国家真正的统治者，精英不但没有资格更没有能力约束大众，精英加给大众的宪法和法律限制是不正当的，后代无须遵从前代人定下的法律。[②] 托马斯·杰斐逊的平民民主主义因而与联邦党人的绅士政治主张之间存在冲突，此种冲突也构成了美国政治的基本内在冲突。[③]

正如托克维尔在《论美国的民主》（*De la démocratie en Amérique*）中所言，美国最终走向了杰斐逊主义的主体路线。1800 年之后，联邦党人只能将自己的力量集中到司法部门，特别是联邦最高法院，由此创立了美国民主政治中一项独特的制度，即司法机关从事违宪审查的制度，一种典型的少数人对抗多数决策的体制。[④] 从 19 世纪末 20 世纪初开始的中立智库的想法，无非是现

① ［美］汉密尔顿，杰伊，麦迪逊．联邦党人文集［M］．程逢如，关在汉，舒逊，译．北京：商务印书馆，2004：49.

② ［美］托马斯·杰斐逊．致詹姆斯·麦迪逊［M］．刘祚昌，译．选自《杰斐逊集》，北京：三联书店，1993：1085.

③ 托克维尔曾经在《论美国的民主》中如此描述两者之间的冲突：“当独立战争结束，新政府即将奠基的时候，全国被两种意见分为两个阵营。……一种意见主张限制人民的权力，另一种力量希望无限扩大人民的权力。”［法］托克维尔．论美国的民主［M］．董果良，译．北京：商务印书馆，1989：192-193.

④ ［美］毕克尔．最小危险部门：政治法庭上的最高法院［M］．姚中秋，译．北京：北京大学出版社，2007：17.

代社会科学版本的联邦党人路线，即试图用社会科学来设计和影响政策过程。但是正如美国现代媒体理论家戴维·李普曼（David Lippman）看到的，大众舆论才是美国民主政体下最终的、真正的统治者，是唯一的“国王”。[①]思想要影响政治，甚或转化为实实在在的权力，就必须在一点一滴的公共政策过程中影响大众舆论，并让大众舆论来决定国会议员和总统的选择，最终成为美国的选择。保守主义智库易传播的产品形式和明确的观点，使“保守主义智库即便没有研究也能吸引媒体的关注”[②],而媒体的宣传又强化了保守主义智库的影响力和作用，使保守主义智库与大众的距离拉得更近。

保守派正是在自由主义建制日趋僵化之时，开始采取杰斐逊主义的路线，一方面塑造核心思想，并通过具有侵略性的新型倡导型智库来猛烈地影响国会和其他决策部门；另一方面依照核心思想来影响民众，开展保守主义的民众组织工作，为保守主义的政治胜利提供选民基础。两厢联合，最终促成了20世纪80年代里根执政。可以说，以传统基金会为代表的保守主义智库与保守主义的政治崛起经历了共同的发展过程。如果说在传统基金会诞生之前，保守主义在美国经历了一场思想启蒙运动的话，那么以传统基金会为代表的意识形态智库则将保守主义的思想转化为实际的政策建议，乃至最后转化为法律与政策，使保守主义的思想得以落实。

自从里根以来，保守派实际上一直在美国意识形态政治中占

---

① ［美］李普曼．公众舆论［M］．阎克文，江红，译．上海：上海人民出版社，2006：258.

② Lauren McDonald. *Think Tank and the Media*. Educational Policy, 2013. P.861.

据主导地位，自由派只是间或能够挑战保守主义的地位。里根之后，共和党总统老布什继续巩固保守主义政策，直到 1992 年民主党克林顿总统上台。但即便是民主党掌握了白宫，共和党也在金里奇的带领下成功赢得了国会的多数，与克林顿分庭抗礼。之后 2000 年小布什当选总统，保守主义对于美国的主宰进一步加强，其中的新保守主义尤其醒目。根据李强教授的分析，21 世纪的这些新保守主义者主要关注美国的对外事务：“新保守主义者”是一帮“喜欢轰炸、喜欢帝国的重量级知识分子”（pro-bombing, pro-empire heavyweight intellectuals）。他们大都是学者，很少有商界或军界出身的背景。这些人最近被称为“战争党”（War Party），也有人称他们为 Neo-Cons，就是新保守主义的简写。[①]

在以上每一个历史阶段，传统基金会实际上都扮演了重要的角色。如在老布什执政阶段，传统基金会的研究在外交上为老布什在伊拉克的沙漠风暴行动提供了决策的论证基础[②]，在内政上也提前炮制好《领导人的职责（第三期）》，为老布什 1990 年的预算改革提供了建议，并在当时保守派与自由派之间的“文化战争”中出版了《主流文化指标参数》（*The Index of Leading Cultural Indicators*），从犯罪率、离婚率、吸毒等问题上证明美国自从 20 世纪 60 年代以来文化道德败坏的局面。[③] 而在克林顿当政时期，传统基金会更是为金里奇的《与美国的契约》提供了顾问，协助其成为美国国会多数派领袖，并出版了第四期《领导人的职责》。

---

① 李强 . 新保守主义与美国的全球战略［J］. 书城，2003（5）：35.

② Frank Starr. *What Will the U.S. Fight For*?. Baltimore：Baltimore Sun, 1991.

③ Lee Edwards. *The Power of Ideas：The Heritage Foundation At 25 Years*. Ottawa, Illinois：Jameson Books, Inc., 1997. P.43–50.

小布什时期，传统基金会出版了第五期和第六期《领导人的职责》。尽管其影响开始减弱，却依然保持着既有优势领域的影响力。2001年著名的“9·11”事件之后的一个月内，传统基金会成立的国土安全专门小组（The Heritage Foundation Homeland Security Task Force）便搜集了全国数百家报纸、电台和电视台的采访资料，汇编为战略报告，提交给了联邦政府。2002年1月，美国国土安全局（Homeland Security）和参谋长联席会议对报告进行了研究，并最终将其中三分之二以上的建议付诸了实施。[①]

奥巴马执政时期，美国保守主义开始进入一个新的民粹化阶段。随着互联网的兴起以及美国政治的日益激化，以“茶党”为代表的保守主义开始进入深度草根化时期。2010年，传统基金会行动组织成立之后的首个举动就是在国会当中游说，反对奥巴马推动的《患者保护与平价医疗法案》（PPACA），随后在2013年再次游说国会议员来反对奥巴马医保法案（Obamacare），并在促使2013年美国联邦政府关闭的事件中扮演了重要的角色。[②]

对比传统基金会在政治上的活跃，20世纪90年代中期以来，以布鲁金斯学会为代表的自由主义智库则更加强调自己的中立性，刻意淡化派别色彩。放眼未来，是“问题派”中立智库还是“主义派”保守主义智库执美国智库之牛耳？谁将更大程度地影响美国政治的沉浮？对智库本身而言，更为关键的是，智库与政治的边界何在？

---

① Heritage Foundation. Defending the American Homeland. Available at：http：//earthops.org/sovereign/homelanddefense/heritagereport/HomelandDefenseweb.pdf.

② John McCormack. *Heritage Action's Shutdown Strategy*. The Weekly Standard, 2013.

二、特朗普时代：智库的前途？

如果说20世纪70年代以来，支持保守派的建制性力量——新型保守主义智库更多地体现为研究与传播的“双支柱”，那么21世纪以来以“传统行动”为代表的游说组织则彻底抹消了政策营销和政治游说之间的区分。传统基金会不仅要影响政策，而且要直接影响政治。在此背景下，即便是AEI、胡佛研究所、加图研究所这种被划在同一个阵营的保守主义智库，也都在与传统基金会划清界限——这一点是笔者在华盛顿智库访问时反复得到的信息。

当前，传统基金会一方面秉承了20世纪80年代以来传统保守主义的精神，另一方面融合了茶党的民粹主义和行动主义，因而在特朗普时期旗帜作用鲜明。本书开篇介绍了传统基金会在特朗普大选前后的重要作用，实际上，在任命阁员时，特朗普总统也考虑了其他保守主义智库的人员。例如，特朗普任命凯文·哈西特（Kevin Hassett）担任首席白宫经济委员会（Council of Economic Advisers）主席，而此人是AEI的经济学家，主张自由贸易、税制改革，曾经做过几位共和党候选人的顾问，包括罗姆尼、麦凯恩和小布什。[①]

特朗普及其民粹保守主义（populist conservatism）对于美国政治形成了重大冲击，从某种意义上来讲也刺激了自由主义智库的进一步政治化，使其更加激进地介入政治事务乃至政治争议。因而，特朗普当选并组阁之后，左派人士曾在传统基金会门前举行抗议

① Joseph Lawler. Trump to tap Conservative think tank for top economic adviser. Available at http：//www.washingtonexaminer.com/trump-to-tap-Conservative-think-tank-for-top-economic-adviser/article/2615700.

活动，认为总统新颁布的财政预算方案受到这家智库的极大影响，而这家智库只代表资本家的利益，不能给人民带来福祉。传统基金会发言人称，智库不会被抗议人士的威胁打垮，智库会继续呼吁削减冗余开支、增加军费。进而，传统基金会表示这些抗议人士受到了金融大亨乔治·索罗斯的支持。[①] 而索罗斯名下的“开放社会基金会”（Open Society Foundation）是希拉里竞选总统运动背后的最大金主之一。

自由主义智库直接涉足政治议题，典型地体现在争议颇多的“通俄门”事件中。CAP 在特朗普当选后随即发布调查报告，指控特朗普与俄罗斯相互勾结，抢走了希拉里本该有的“第一位女性总统”的位置”。[②] 报告指出，特朗普竞选团队与俄罗斯政府之间存在广泛的联系，他们之间至少展开了 18 次电话和信息交流，召开了 10 次会议。同时，特朗普与俄罗斯存在紧密的商业合作关系，但上述信息一直遭到特朗普竞选团队的坚决否认。在报告看来，特朗普与俄罗斯在某些方面是存在共同利益的，特朗普竞选团队和俄罗斯政府有可能在以下领域展开了合作：首先，在特朗普深陷丑闻时，其团队“恰到好处”地发布了希拉里的邮件门事件。这样的“恰到好处”背后很可能有特朗普与俄罗斯黑客的相互勾结。其次，俄罗斯黑客潜入美国社交网络，有针对性地向目标用户投放选举宣传广告，提高特朗普的民意基础。最后，俄罗斯黑客潜入竞选计票系统，篡改选举结果。不过，上述结论也只是 CAP 的

---

① Art Moore. Trump's Think Tank to Protesters："We won't be Bullied". Available at：http：//www.wnd.com/2017/04/liberal-protest-mob-storms-heritage-foundation/.

② Donn Marten.Podesta Linked Think Tank to Release Trump-Russia Collusion Report. Available at：https：//www.Conservativedailynews.com/2017/08/podesta-linked-think-tank-release-trump-russia-collusion-report/.

推测，尚未得证。[①]

老牌智库布鲁金斯学会也经常直接攻击特朗普总统的政策。在移民问题上，布鲁金斯学会发布报告，监督特朗普总统的移民政策。[②]外交问题上，特朗普2017年与沙特阿拉伯签订巨额军火协议，其金额达到1100亿美元，是美国史上费用最高的军火交易，特朗普表示军火协议将给美国带来大量就业机会。但是布鲁金斯学会专家称，这是一笔“假协议”。特朗普根本没有和沙特阿拉伯达成真正的交易，协议中只表达了双方未来可能的合作意向。[③]

与此同时，特朗普的“反智主义”（anti-intellectualism）自然让智库感到怀疑，这样的总统今后会在多大程度上听取智库的政策建议？就特朗普的政治风格而言，从议程的设定到政策的形成，都将显现新的特点，智库的作用需要重新评估。首先，特朗普喜欢阅读短小的文章。在奥巴马执政时期，关于政府政策的文章通常有3~6页，但是特朗普要求国家安全委员会的工作人员将篇幅限制在1页以内，并且最好是图表。其次，作为推特（Twitter）达人，特朗普看重社交媒体上的言论，他活在社交媒体的矛盾与嘈杂之中。此外，特朗普总是倾向于诋毁智库的研究成果。[④]

① Max Bergmann. Russia-gate：The Depth of Collusion. Available at：https：//www.americanprogressaction.org/issues/security/reports/2017/08/02/168240/russiagate-depth-collusion/.

② Brain Bowling. Think tank examines Trump's immigration claims. Available at：http：//triblive.com/usworld/world/12623730-74/the-brookings-institutions-center-for-effective-public-management-has-put-together-an.

③ AFP. Trump's $100 billion Saudi arms deal is "fake news," officials tell US think tank. Available at：https：//www.timesofisrael.com/saudi-arms-deal-is-fake-news-officials-tell-us-think-tank/.

④ Think Tank Watch. Trump Ain't No Think Tanker. Available at：http：//www.thinktankwatch.com/2017/02/trump-aint-no-think-tanker.html.

在美国智库研究专家詹姆斯·麦甘（James G. McGann）看来，特朗普执政后，智库将面临一系列挑战。以“反建制”著称的特朗普曾在选举中称民间团体是“华盛顿烂泥塘”的一部分，智库需要重新证明其对政策制定做出的巨大贡献。又因为特朗普的政策倾向具有太大的不确定性，智库也很难与总统的政策保持同步。在詹姆斯·麦甘看来，特朗普当选之后，智库必须积极做出应对，运用脸书（Facebook）和领英（LinkedIn）等手段宣传自己的政策观点。[①]胡佛研究所的迈克尔·弗兰克也表示，新媒体技术的发展从根本上改变了政治家和政策制定者寻求信息和意见的渠道，同时也改变了公共事件的传播和人们的反映方式，智库需要适应这样的时代。[②]而实际上，智库的特长还是在于中长期的战略研究，智库的“媒体化”有可能是伤其长、补其短。

一些智库正在主动淡出历史舞台。比如，著名保守主义智库外交政策协会（Foreign Policy Initiative）已经停止运营。该智库有两个最主要的目标：一是打击共和党内的孤立主义势力；二是维持美国在伊拉克、阿富汗地区的霸主地位。在特朗普上任后，这两个目标实现的可能性都近乎为零，因此智库决定停止运作。[③]

不可否认，当前美国政治日益严重的两极化和民粹化，非常符合特朗普的特点。或者说，恰恰是意识形态智库的土壤培育出

---

① James G. McGann.Why Donald Trump Won the Election and Does It Mean the End to Think Tanks and Policy Advice as we Know it?. Available at：http：//repository.upenn.edu/cgi/viewcontent.cgi?article=1000&context=ttcsp_papers.

② 2016 年 10 月笔者对胡佛研究所迈克尔·弗兰克的访谈。

③ Rosie Gray. A Right Leaning Foreign Policy Think Tank Shuts Down. Available at：https：//www.theatlantic.com/politics/archive/2017/06/a-right-leaning-foreign-policy-shuts-down/532311/.

了特朗普这样的总统。[①] 曾几何时，“保守主义一步步通过聪明、受过良好教育的、口才出众的人们，发出可信的声音。智库就像在华盛顿特区的步兵，努力将这些理念融入立法过程，融入那些在国会身居要职的人们的思维中”。[②] 然而，现在民粹保守主义的力量甚至已经不再需要那些受过良好的教育和口才出众的人，而是需要直接诉诸民众的民粹煽动家。

智库在特朗普时代，或许将经历一次历史低潮？对此，笔者在华盛顿走访的一部分智库领导人表示担忧。他们认为，在特朗普时期，相比意识形态智库，中立智库接下来的日子会更加难过；更多的智库领导人则认为，相对“特朗普风格”，特朗普团队中广泛存在的“华盛顿风格”不可忽视，特朗普身边的许多专业人士更多的还是从整个国家的角度考虑问题，他们当中的多数也都重视智库的意见。另外，相较特朗普一个人的风格，美国庞大的行政体系作用要重要得多。由此，智库即便在政府方面得到的支持略受影响，但智库长久以来对美国政治的巨大影响力不会因为这样的短期因素而有大的改变。此外，商人出身的特朗普更多体现的是一名实用主义者。如同 20 世纪 30 年代的罗斯福，实用主义者经常会尝试新的举措，关键在于有效性。在使用智库这一点上，特朗普经常根据自己的需要，而不是根据智库的类型去选择政策研究成果。除了保守主义智库，他还利用一些具有自由主义色彩的智库，如经济政策研究所（Economic Policy Institute，EPI）的研究报告。EPI 的领导者是美国劳工组织中最有影响力的人物，而

① Jason Stahl. How Conservative Think Tanks Helped Create the Age of Trump. Available at：https：//cehdvision2020.umn.edu/blog/Conservative-think-tanks/.

② 2016 年 10 月笔者对胡佛研究所迈克尔·弗兰克的访谈。

且他们大力支持希拉里。特朗普似乎并不在乎这一点。根据报道，EPI 是他浏览最多的智库网站。在底特律的经济政策演讲中，他 20 多次引用 EPI 的文章，超过其他所有智库。原因在于，特朗普在贸易问题上的观点不同于共和党的传统主流看法，他反对自由贸易协议，例如《跨太平洋伙伴关系协定》（TPP）和《北美自由贸易协定》。

另外，意识形态智库的政治化道路也并不会一帆风顺。2017 年 5 月，茶党领袖德敏特突然卸任传统基金会总裁，元老埃德温·福伊尔纳紧急接任。传统基金会网站给出的官方说明是："董事会认为传统基金会存在重大的管理问题，并且这些问题还在恶化。它们导致基金会内部沟通与合作破裂。德敏特以及他的一些最亲近的顾问未能解决这些问题。"卸任不久的埃德温·福伊尔纳一定没想到再次出山这一步。政治化可以给传统基金会带来快速的发展，帮助这家智库走到保守主义运动这个大舞台的中心，但彻底的政治化也必然会让这个组织面临脱胎换骨的痛苦。对于德敏特被解雇的真实原因，华盛顿智库界的分析主要来自两个方面：其一，德敏特在对传统基金会的管理问题上重视不够，管理不到位，尤其是他带到这家机构的新人，也没有倾注足够多的精力顾及日常管理；其二，德敏特的茶党背景和传统行动在政治上的基因，使得传统基金会的员工持续流失，一直以来支持传统基金会的核心"听众"也开始对传统基金会感到失望。对于传统基金会的"听众"而言，传统基金会的价值观随着其政治化的深入正在逐步收窄——极右翼的声音在这家智库变得更加强大，日益严重的两极化政治对抗导致实际的政策效果大打折扣。以埃德温·福伊尔纳的逻辑看，回归智库的研究功能至少是一件令人自豪的事——他谈起传统基金会的研究报告时浮现的自豪而兴奋的表情让笔者印象深刻。新总裁上任之后在内部会议上强调，研究应该成为“重点工作”。[①]

从 2018 年 1 月 1 日开始，凯·克尔斯·詹姆斯（Kay Coles James）正式成为传统基金会 44 年历史上的第六任总裁。[②] 据介绍，凯·克尔斯·詹姆斯有着 12 年的传统基金会董事会成员的经历，在公共政策方面拥有丰富的经验，曾在 30 年的职业生涯中担任过政府、学术界和保守派运动的领导人。凯·克尔斯·詹姆斯曾任罗纳德·里根时期全国儿童委员会的成员，后来担任白宫国家药物管制政策办公室副主任，并在老布什的健康和人类服务部担任公共事务助理秘书。2001 年，凯·克尔斯·詹姆斯回到联邦政府担任小布什总统人事管理办公室主任。2017 年，凯·克尔斯·詹姆斯和美国司法部前部长埃德温·米斯三世领导特朗普总统的管理和预算办公室、人事管理办公室和总务管理局的过渡小组。新总裁在上任宣言中公开表示，传统基金会将致力于维护美国的原则和价值观，是斗争的“指挥中心”和保守运动的家园。它不仅仅是一个好的制定政策的地方，更是解决困难和问题的地方。她宣称政策分析和创业精神将是保守主义运动中最值得信赖、可靠和准确的力量。她也特别强调，“我们的人才永远是我们最大的财富”。从新任总裁的履历和宣言，我们可以预期传统基金会将回归保守主义价值观、回归对研究和人才的重视。而不确定的是，面对民粹化的美国政治和自身的“做库”模式，已经走向激进的传统基金会有多大的可能性回归传统和重建研究。凯·克尔斯·詹

① 2018 年 1 月笔者对李·爱德华兹和沃尔特·罗曼的访谈。

② 译自传统基金会官方网站 https：//www.heritage.org/president。

姆斯要面对的挑战不仅来自特朗普执政时期的大环境，也将直接来自传统基金会结构复杂的董事会，董事会成员能在多大程度上支持她的努力，以及传统基金会在她的领导下真正努力推进的方向，都还有待观察。

更重要的是，“做库”的新模式不仅体现为智库对政治游说前所未有的激进，一定意义上也在改变智库和政策制定者的关系。如上一章所述，做库的关键在于游说，而游说的前提建立在对国会内部价值观执行方面的不满。在笔者走访美国国会和有关智库的过程中，也直接听到了传统行动对国会议员游说、胁迫的描述，传统行动给国会内部带来的压力明显比美国进步中心的行动组织要大。“做库”之下的行动组织要做的已经不是劝说，而是推动有关法案的投票。在“做库”模式的内部，如果说之前的智库与行动组织的关系类似“狗摇尾巴”，那么在“做库”模式下，二者的关系则更像是“尾巴摇狗”（tail wags dog）。对传统基金会而言，各方面人士感觉到的是传统行动“摇动”下的传统基金会随之摇摆。这样本末倒置不仅让传统基金会的“听众”失望，让其领导层面临挑战，也让一些同一派别的国会议员感到反感，由此为传统基金会发挥影响力带来了障碍。对传统基金会而言，找到与传统行动的平衡点对其下一步实际的发展方向至关重要。李·爱德华兹也曾对笔者强调，传统基金会试图平衡自身在政治和研究方面的投入，进而成为美国整个政治体系政治化过程中的理性平衡器。[①]

要做到平衡并不容易，对于传统基金会内部而言，流失的人员和“听众”流失的信心都没有那么容易回归。尤其是传统行动

① 2016年10月笔者对李·爱德华兹的访谈。

与传统基金会“尾巴摇狗”的颠倒关系已经很难逆转。据介绍，在人员流动频繁的国会内部，很多国会议员眼里，传统基金会与传统行动的组合已经成为一种常态，甚至很少有人知道从前没有传统行动而只有传统基金会的事实了。[①]指出这个事实的弗兰克曾经担任众议院多数党领袖的政策顾问，也曾担任传统基金会政府关系部门的副总裁，对两方面的情况都有切身感受。据他介绍，在传统行动内部也专门建立了一个由茶党成员组成的组织。我们也可以发现，传统基金会的前任总裁德敏特、美国现任副总统彭斯，都曾是茶党内部重要的旗手。要重新确立传统基金会而不是传统行动的主导地位，对于新总裁而言，说来容易做来难。不过，有利的条件是：一方面，正在出现传统基金会的“听众”对它回归研究的呼吁；另一方面，传统基金会与茶党的政见并非完全一致——传统基金会支持移民、支持自由贸易，茶党则反对这两个议题。

从未来的角度看，对于以传统基金会为代表的新型智库，弗兰克的分析是，随着美国各个方面的政治化，政治组织也随之逐步形成：有时是政党，有时是智库。[②]智库的彻底政治化对意识形态智库而言是既成事实，下一步，意识形态智库会否成为一类特殊的政治组织，也未可知。

① 2018 年 1 月笔者对胡佛研究所迈克尔·G. 弗兰克的访谈。

② 2016 年 10 月笔者对胡佛研究所迈克尔·G. 弗兰克的访谈。

访谈实录：布鲁金斯学会的核心价值观

访问时间：2013 年 1 月 30 日

访问机构：布鲁金斯学会

访问人物：威廉·安索利斯（William Antholis）

威廉·安索利斯时任布鲁金斯学会运营总监，目前是布鲁金斯学会非常驻高级研究员、弗吉尼亚大学米勒中心首席执行官。他与布鲁金斯学会主席斯特普·塔尔博特（Strobe Talbott）共同撰写了《快速前进：全球变暖年代的伦理和政治》(2010 年出版)。在加入布鲁金斯学会前，他在美国的德国马歇尔基金会（German Marshall Fund of the United States）任职五年，担任研究主管和研究员，关注国际贸易与发展问题。他还曾在美国白宫国家安全委员会担任国际经济事务主任。

三项核心价值观的内在逻辑

提问：布鲁金斯学会的立场是什么？核心价值观呢？

威廉·安索利斯：布鲁金斯学会没有明确的立场，我们是独立的。"独立"这个词隐含着几层相互关联的意思。在布鲁金斯学会的网站上方写着三个词语"质量"(Quality)、"独立"(Independence) 和"影响力"(Impact)，这是我们学会的核心价值观。所谓"质量"，就是从问题出发，以答案结束。那些缺乏独立性，也不追求质量的智库则是从答案开始，为已知的答案寻找研究方法来证明，这是本末倒置的。如果事先为问题找好了答案，其研究也就毫无意义了，这是很可悲的。

布鲁金斯学会的研究服务于以下目标：一是美国民主政治体制的力量和有效性。我们珍视开放的政治体制的价值。二是全体美国人乃至全世界人民社会经济生活的福利和机会。三是用我们的研究创造一个更加开放、安全和合作的全球体制。这些目标都很宏伟，但我们从不主观臆断地给出答案，仍是从问题出发。昨天，我们进行了一场内部讨论，有人因为部分民主进程无法推进而感到沮丧。一位专家就此提出了一个问题：现在我们所做的努力有用吗？这些努力会使情况恶化还是好转？回答这个问题不能靠主观臆断，因为民主进程确实有诸多不如意之处。有些被认为能够推进民主进程的努力反而可能阻碍民主进程。此外，在很多情况下，研究结果又因为不尽如人意而未能发表。从这个角度来看，布鲁金斯学会的学术性很强，比很多智库更像大学。

至于独立性，我本人是布鲁金斯学会的运营总监，处在管理层的较高位置。布鲁金斯学会下设 5 个研究分支，每个专家都有所属的研究项目，我和会长共同统筹各部门的工作。我们从来不会事先对任何研究项目的人员提出的问题或者研究结果提出限制。我们认为，独立性的必要部分是研究者能够独立地提出重要议题。同时，我们也会保持政治独立性和财务独立性。政治独立性是指我们从不与任何政党结盟，但这并不代表我们在决策过程中碌碌无为。我们的观点可能有时支持自由派，有时又倾向保守派，但是这些观点全是通过研究得出的。一切都以研究为先，然后我们才考虑向政府推荐怎样的政策。财务独立性是指坚守研究资金来源的底线——不接受任何委托开展私人研究，不在研究结果公布前请赞助者进行评价。在美国，除了政党以外，还有很多经济利益集团和政府部门会发起研究项目。在研究结果公布之前，我们不会请研究赞助者对研究结果进行评价，这对我们的独立性至关重要。同时，我们不开展私人研究，所有的研究结果都会公之于众。很多智库都会接受公司、政府、个人的委托开展私人研究，但是布鲁金斯学会不会。

智库影响力是一个比较大的议题。影响力可能是针对某一具体问题对某个特定决策者产生的。比如，如果您是能源部或环境部的部长，而我写过有关环境和气候变化的著作，我可能会对你有特别的决策推荐。但我们会从更宏观的角度去思考自身的影响力，比如为一个重要议题的国际论战设定框架，或者在研究结果支持的基础上提高某项决策在政治议程中的位置。我们并不一味追求对决策产生影响，因为有时我们正在探索的问题还未能向决策者给出明确答案供其提出明确政策，这个问题可能尚需更广泛的讨论。如果我们把影响力狭隘地定义为让决策者按照我们的指引去行动，我们对很多问题的看法就太过狭隘了。

提问：在布鲁金斯学会的核心价值观中，您认为最重要的是哪个方面？

威廉·安索利斯：我认为是“质量”。因为如果一项研究成果谈不上质量上乘，那么它肯定也谈不上独立，更没法产生影响力。我不希望布鲁金斯学会的研究成果只是为了与哪个政党作对或者只是为了创造影响力。如果一项成果不是来自高水平的研究，那么我们宁愿不要这样的成果。我承认，每家机构不是每项研究的质量都那么上乘的，布鲁金斯学会也不例外。当出现质量问题时，布鲁金斯学会要做的是与专家、学者一同努力，质疑并反思这项研究并确保下一项研究的质量。

提问：在面对诸如企业和政府等资金赞助者时，布鲁金斯学会通过哪些方式保持自身的独立性？

威廉·安索利斯：很多智库都会面临这样的抉择，但是这种情况对于布鲁金斯学会来说不是挑战。可以说，布鲁金斯学会的研究者最勇敢的对话不是与媒体，甚至不是与决策者，而是与我们的赞助商。布鲁金斯学会的幸运之处在于，我们有捐款和大量对研究没有要求的赞助资金，这些赞助资金只是为了支持布鲁金斯学会开展研究，并没有明确指明要研究哪方面的问题，这些资金占总资金来源的25%左右。但是每年我们仍需为余下的75%奔波，我们试图说服赞助者为布鲁金斯学会提供赞助，但并不是以研究结论为让步条件，我们从来不会向赞助者表示我们的研究成果会支持他们的某种想法。赞助者需要认清，赞助布鲁金斯学会就是赞助高质量的研究，无论研究结论如何，都是从最高质量的研究方法中得来的。我们也会告知赞助者，他们无法提前获知研究结果，而这正是他们对我们赞助的原因。如果我们私下透露成果，成果的质量就会受到影响。用这种逻辑很难说服大多数人提供赞助，很多赞助商会因此转向支持其他的智库。但我们仍然坚持自身的原则。

此外，我们从不接受公司或者政府部门对特殊研究问题的委托。我们要求赞助商将资金捐给布鲁金斯学会某一个研究分支，这个研究分支会从事某一领域的研究。我们不愿意在合同中看到“某某公司就某某研究课题对布鲁金斯学会提供资金支持”的字样。人们看到在这种情况下写出的研究报告，会质疑我们是否会替赞助商说话。所以我们欢迎诸如通用电气这样的公司赞助我们的经济研究部门，这个部门会从事能源方面的研究，也会从事美国医疗系统和银行系统的研究。我们会从不同的赞助商那里获得资金，将其汇总后决定在每项研究（如医疗卫生、能源、教育、银行系统）上的开销。总之，布鲁金斯学会不允许某项特定资金只用于特定研究，这是布鲁金斯学会一直所坚守的底线——将赞助者与研究课题相独立。

提问：如果个别赞助者赞助金额巨大，是否有出现特例的情况？

威廉·安索利斯：我们有很多赞助者，因此对不同的赞助者施行不同的应对方式。对于个人赞助者，如约翰·桑顿（John L.Thornton）曾经支持布鲁金斯学会的中国问题研究中心，我们在与他签订捐助协议时，会明确阐明：布鲁金斯学会的研究者拥有决定研究课题的最终权利。在所研究的领域中，他可以提出自己的观点，但是不能干预研究成果。我们会事先获得赞助而不是在研究结束后再获得资金。

我们不会接受通用电气或者移动电话公司关于中国研究的赞助，因为我们知道这些公司在中国有自己的利益。我们会替通用电气开展中国方面的能源或者气候变化方面的研究，因为这些研究是无法在中国问题研究中心发布的。我们唯一一家公司合作伙伴是摩根大通（J.P. Morgan），这家银行赞助我们开展全球城市研究。我们在接受赞助时，曾仔细分析过其中的利益冲突，直到认定这家银行的利益焦点（如银行业监管、货币甚至是宏观经济）与所开展的城市研究（主要是基础设施建设、交通、卫生体系建设、教育）相去甚远时，我们才接受了赞助。城市研究中的问题是所有的人都会关注的，并不会给摩根大通带来特定的收益。

提问：智库要对政府产生影响力，布鲁金斯学会会不会因为要

影响政府而受制于某些政府部门提出的研究要求呢?

威廉·安索利斯：我们一直都会从政府那里获得一些研究方面的建议和指引，这主要是因为政府官员具备我们没有的信息优势。比如，奥巴马总统的就职演讲中曾提到气候变化。我的一位好友现效力于奥巴马政府的气候部门，他可以就政府比较关心的气候问题给我列出一张表。在开展研究时，我确有可能从表中挑选题目，但是我也会挑选一些表中没有的课题开展研究。我会将我认为重要的课题反馈给他，他也会参照我的建议来修改他自己的列表。所以，这是一种双向的对话，而非单项的指引。有政府官员的人脉确实重要，只有借助人脉才能与决策者对话。

提问：布鲁金斯学会的预算中有多少用于支持研究?

威廉·安索利斯：布鲁金斯学会的专家总是抱怨我们对研究的资金投入不足。但是，布鲁金斯学会已经将60%的资金直接投入到我们的学者及研究课题上，我觉得已经过高了。当今世界通信交流，如举行会议、网络通信、与决策者会面等，开销巨大。我确实不想在这种事情上花费太多，但是这方面的费用确实需要增加。幸运的是，布鲁金斯学会因其上乘的研究质量获得了好评，因此获得赞助的渠道很多。所以我给年轻智库的建议就是要专注于少量的优质研究，以便建立声誉。没有比创新的好想法更重要的东西。只要能做出高质量的研究，那么赞助资金、影响力以及智库的独立性，都会获得提升。除了将60%的资金投入研究，布鲁金斯学会将其余的资金投入到基础设施、网站维护、市场公关、成果出版等方面。

提问：布鲁金斯学会如何确定研究课题的重要性？

威廉·安索利斯：这个问题的回答可简可繁。简单地说，就是研究学者自己决定他认为重要的课题。复杂地说，我们需要选择雇用哪些学者，在雇用时，我们需要知道所要开展研究的领域。选择课题实际上是一个“由下而上”和“自上而下”的双向过程，但“由下而上”占主导位置。每个研究分支的主管有选择课题的权力，每个中心也会有自己的主任负责筛选课题。比如，加入中国问题研究中心的某个学者提出了自己感兴趣的课题，获得了中心主任的认可，那么这个课题就可以开展了。同时，中心的主任也会向布鲁金斯学会的会长反映自己更为宏观的研究需求，比如要求建立一个印度问题研究中心或者开展气候变化方面的研究，或者招募移民问题、军事问题或技术问题方面的专家。当然，在这一过程中存在一定的引导。布鲁金斯学会会统筹自身研究的方向，比如倡导开展能源、气候或者技术方面的研究，然后让自己的学者在这些领域挑选自己感兴趣和认为重要的研究课题。这就是“自上而下”的力量，用资金流向控制研究的大方向。

提问：布鲁金斯学会各研究分支之间是系统合作的关系还是独立研究？

威廉·安索利斯：布鲁金斯学会有“3C”法则，即“交流（communication）、协调（coordination）、合作（collaboration）”，其中最重要的就是交流。我们努力确保5个研究分支之间相互了解彼此的研究进度，同时我们还在某些特殊问题（如技术，社会流动性，能源与气候变化，全球发展，也就是全球重心转移及城市化）上确立了分支之间的交流机制。我的助手同时负责各个部门之间的沟通交流。“协调”是指当我们需要针对某一问题设立大的研究项目时，来自外交政策研究、经济研究、国家地域研究、决策研究的学者要相互协调共同开展这样的研究。“合作”是指不同研究分支的学者可能会一起合作发表文章。各学科的学者进行跨学科的合作并不容易，但这样做往往会有意想不到的研究成果。

提问：总体而言，您认为管理好一个智库的关键是什么？

威廉·安索利斯：智库管理的关键在于保持智库的独立性。要做到这点，智库管理者需要落实以下两方面的工作：第一，资金来源渠道广泛；第二，向智库的研究者明确表示出对研究质量的关注，自己在研究中也要做出榜样。同时，智库管理者要让自己的工作多样化，既要开展研究，也要与政府、媒体和赞助商保持接触，管理者要让自己尽可能多地参与智库的工作中来。

如何更好地实现影响力

提问：我们知道，国会听证对智库而言是很重要的影响力渠道。除了国会听证外，您还有其他传递政策信息的有效方式吗？在政策信息传递过程中，“旋转门”机制的作用大吗？

威廉·安索利斯：有，比如媒体。就智库方面来说，参加国会听证有时候不如与某个国会议员单独接触效果好。“旋转门”机制确实可以发挥一些作用，但是其作用不宜过分夸大。就我自身来说，我曾在国会任职，还在大学从事过学术助理，做过一些无关紧要的小事。但是，这些年来，我认识了一些国会议员，这些议员当中有些就曾就职于智库或者学术界。“旋转门”机制确实推动了类似的角色转换，其好处是为人们建立了更为广泛的社会人脉。目前，布鲁金斯学会的高级研究人员当中有40%~50%的人曾就职于美国各级政府、其他国家政府或类似世界银行、联合国等国际机构。比如我们的国际经济项目的主管曾就职于土耳其政府和联合国计划开发署，副主管曾在世界银行任职；非洲和拉丁美洲研究学家就没有政治经历；有效援助研究学家曾经在美国政府的援助部门任职；全民教育项目的研究学家没有从政经历；印度、中国及世界经济研究学家曾就职于IMF。所以，这个项目当中有60%的人都有从政经历。相比之下，经济方面研究项目的研究人员有从政经历的比例可能略低。

提问：布鲁金斯学会更愿意“由上而下”地引导公众还是“由下而上”地影响政府？布鲁金斯学会如何对待媒体，尤其是新兴媒体？

威廉·安索利斯：对于布鲁金斯学会来说，国会听证、引导公众、影响政府以及新兴媒体都很重要，但最重要的还是高水平的研究，其次是对受众群体的战略性选择，以便将受众群体和使用的传导工具相匹配来产生理想中的影响。假设我在写一篇气候变化的文章，研究主题较为专业，我提出的决策建议中，有些决策可以立即采取也可以推迟采取。比如我的研究结论之一是美国应该出口天然气，这样可以使更多的国家享受这种清洁能源，使温室气体排放量下降10%。这项研究直截了当而且方法严谨。之后我就要思考谁在制定相关的决策，是美国总统还是国会？如果是美国总统，我可能会在研究发布前先私下与总统进行沟通。也许决策者的立场与研究建议的立场很不相同，那我应该去引导公众或者是国会，向他们说明当前政策的不当之处。这时，国会听证就变得尤为重要。也有可能决策者已经决定不出口天然气了，那么我们就有必要让民众知道这是错误的决定，因此就需要通过媒体传递我们的声音。综上，要基于研究找到想要引导的群体并采取合理的方式去引导他们。国会听证、人脉、媒体都只是传达的工具，布鲁金斯学会之所以会在这些方面投入，是为了维持这些工具的运转，以便在需要的时候为我所用。

提问：在实际运作的过程中，如何平衡在政府部门和媒体方面的影响力？

威廉·安索利斯：美国的智库之所以能产生较大的影响，一方面得益于我们与政府部门的紧密联系，另一方面也得益于言论开放。即使我们与政府持不同的观点，也可以在媒体上发表。对于中国的智库，我建议你们充分利用微博等新兴媒介以非正式方式尽可能地扩大影响力。

在美国，与利益相关者保持紧密联系是很重要的。这些利益相关者可能是政府、国会，一些情况下也可能是媒体。在中国，情况有所不同。据我观察，中国政府有其利益，但是政府本身并不是一个整体，其中有很多部委，有时会产生分歧。如果智库能与政府内部各相关方建立良好的关系，将对智库发展产生正面影响。我知道，可能中国的智库资金来源于一个特定的政府部门，但是你们可以向这个部门的人员这样解释：“智库与其他部门建立合作关系可以让本部门的想法得以更好地传达，也可以让本部门的决策者更加清楚地了解其他部门决策者的想法。这种互动是有益的。”

对待媒体，要拿出质量上乘的研究成果，一些比较独立的媒体，当看到有价值的研究成果时，不会在乎这项研究成果背后是不是政府出资的。同时，在媒体界建立广泛的人脉，也能够使自己的声音传达得更远。

提问：当布鲁金斯学会有新的研究成果时，倾向于先向媒体传达还是向政府传达？如果先向媒体传达的话，政府会不会认为这是对它们的不尊重？

威廉·安索利斯：这取决于政府官员有没有开阔的心胸。如果我想让自己的研究成果有所影响的话，我可能会将初步的研究成果先呈递给政府官员，供其提出建议。政府官员既是智库信息的消费者，也是智库信息的来源者。从政府官员那里得到的研究建议往往也对学者有帮助。政府官员的相关建议或许会帮助我决定是否要向公众发布自己的研究成果。舆论压力是让政府官员虚心纳谏的前提，因为决策者知道，即使他们不虚心纳谏，我也可以将自己的想法向媒体和社会公布。

智库作用的渠道分析

提问：作为美国的首家智库，也是最有代表性的智库，布鲁金斯学会即将迎来100年庆典。有人说，过去100年来，美国政府在政策创意中的作用越来越小，而智库在政策过程中的作用越来越大。您怎么看？

威廉·安索利斯：智库的影响力确实有很大提升，但是竞争也变得日益激烈。布鲁金斯学会似乎有走下坡路的迹象，这主要是因为我们的研究方向太多，而布鲁金斯学会每一个研究领域里，都有一个智库是该领域的佼佼者。我们与其他智库一样就很多问题发表自己的看法，但是我们并不总专注于获得哪一方面的影响力，我们只想将好的研究结果公之于众。可以这样说，现在智库作为一个整体在政策制定中发挥的作用越来越大，但是没有一个智库可以主导政府的决策。所有智库存在于一个公平的体系下，起到了政治体系中“百家争鸣”的作用。

从根本上说，政策制定者有决策的最终决定权。政府在政策制定中的权力甚至比以往更大，因为政府规模越来越大了，但是政府决策所依赖的资源也更为广泛了。智库的发展与政府决策之间不是零和博弈，而是扩充了美国政策制定中的资源。政府之所以看起来变得弱势了，是因为这种媒体及智库的发展使政策决策中的信息量大大扩充了。政府需要对更多的诉求和建议进行考虑，也需要处理更多的信息。但是，政府仍旧是决策的最终敲定者。事实上，关于政府变得弱势还是强势的问题已经没有任何意义了。因为时代不同了，信息种类和规模也都不同了，政策制定的参与方也有所变化，政府的职能仍旧是政策制定，但是制定政策的方式和途径变了。

提问：您觉得政党在政策制定中的作用有什么变化吗？

威廉·安索利斯：美国有两个政党，彼此抵触且相互遏制，而单一政党也无法完全掌握自身命运。比如，当前共和党内部就有很大的分歧，分歧存在于较为激进的一方和较为保守的一方。激进的一方更加关心商业发展和国际问题，而保守的一方则比较关心民生问题和国内问题。两方的分歧导致了很多争执，也使共和党在参议院和众议院之间存在着很大的分歧。共和党在参议院比较倾向于合作和折中，在众议院则不是。甚至有共和党成员认为共和党作为一个统一的党派的时代已经一去不复返了。即使是一个政党，也很难就一件事项达成党内的一致意见，所以美国两党现在只能做到相互否定。

提问：对美国总统而言，一项政策出台前，应该更多地听取哪方面的建议？

威廉·安索利斯：奥巴马总统当前面临的四项重要议题——禁枪法案、移民问题、预算问题及能源和气候变化，这些问题大不相同，而影响议题进程的相关方也大有不同。目前来看，前三个议题都需要通过国会立法来解决，而能源和气候议题可能不会通过立法途径而是通过谈判或者行政指令解决。关于禁枪问题，大部分人想保护枪支文化，而小部分人想消灭枪支私有制，但是总体来说，持有强烈观点的人并不多，因此媒体立场显得尤为重要，国会显得尤为重要。移民问题与枪支问题的处境相似，奥巴马需要说服媒体和国会。预算问题十分复杂，涉及的利益群体极多。针对不同的议题总统也会听取不同部门的意见。

第五章

美国智库的政治空间及其症结

美国智库巨大的影响力，主要得益于美国政治体系提供的空间。巨大的政治空间甚至让美国智库的发展出现“滚锅效应”：“大量的建议与思想从数量众多的智库中迸发出来，它们彼此影响并进一步创造出更多的想法，就像滚锅的泡沫一样不停地冒出。这几乎成了美国政策制定者的左膀右臂。”[1]

从比较的视野来看，美国智库的巨大政治影响力可以说是“美国特殊论”（American exceptionalism）的一部分，而非一种普遍的政治现象。按照詹姆斯·史密斯的看法，美国智库之所以具有如此大的政治影响力，是因为美国政治体制的独特性质，即宪政层面的权力分立制衡、两院制的立法机关、选举政党体制而非意识形态政党体制，以及一种受到多种政治任命影响的公务员传统。[2]

因而，美国智库的独特现象需要放在美国政治体制的独特性中才能得到更为深切的理解。美国政府体制的基本特点可以概括为决策分散化和政党功能的弱意识形态化，这也是意识形态智库崛起并发挥巨大政治影响力的体制性因素。这种特点可以从美国三权分立和两党执政的基本形态及权力演进来分析：一方面，美国宪法所确立的三权分立导致决策主体的多元化和政治决断的碎片化；另一方

① 2014 年 1 月笔者对城市研究所执行副总裁约翰·罗杰斯（John Rogers）的访谈。

② James A. Smith. *The Idea Broker：Think Tanks and the Rise of the New Policy Elite*. New York：The Free Press 1993. P.Ⅴ.

面，美国的政党本身是选举政党，缺乏政策创意和政策研究的能力。在三权分立尤其是两党执政的政治框架下，美国的意识形态智库获得了巨大的发展空间。

美国智库尤其是保守主义智库的发展历史，也是一个观察美国政治演变的重要维度：对于美国政治日益严重的两极化和民粹化趋势，保守主义智库是一面很好的镜子。

一、美国政治体制的宏观结构

从美国智库运行了一个世纪的经验来看，意识形态智库与政党一样，可以在美国政治体系内合法竞争、合法退守，与政党政治共进退，而不必进行你死我活的零和博弈，这与美国历史上形成的在宪法框架下的权力制衡政体与“合法反对”(legitimate opposition)[①] 的民主政治传统有着密切关系。在这样的框架下，政党之间的争斗可以合法，赢者可以上台，输者可以挂冠而去。更为重要的是，美国的两大政党都是选举政党，初期并不具有鲜明的意识形态政党的组织方式和政党纪律，也没有一些欧洲国家的政党所具有的研究功能。美国政治体制的根本特点以及美国政党政治的基本结构，为美国意识形态智库的崛起和生存提供了体制空间。

（一）分权制衡的政体：美国联邦宪法结构

美国的政治体制一般被冠以自由民主（liberal democracy）的

① Richard Hofstadter. *The Idea of A Party System*：*The Rise of Legitimate Opposition in the United States*, 1780–1840, California：University of California Press, 1970.

名称，也经常被当作现代民主制的典型。但是从宪法体制的角度而言，美国政治体制的最大特色不是选举的形式民主，而是政府权力之间的分立（separation of powers）和制衡（checks and balances），从而使公民个人的自由和宪法权利得到保护。这不仅仅体现在联邦横向层面的立法、行政、司法三权分立（horizontal separation of powers），也体现在联邦纵向层面的中央与地方分权（vertical separation of powers）。美国的国父、宪法奠基人詹姆斯·麦迪逊对此做了一个绝妙的论述："若人人均为天使，则无须再设政府……设立以人管理人的政府，其困难莫过于必须首先使政府能控制被统治者，其次必须使其自律。"[①] 之所以需要在权力之间进行分配和制衡，是要用"野心对抗野心"（ambitions against ambitions），防止权力的滥用和公民自由的丧失。[②] 詹姆斯·麦迪逊认为，共和政体的分权制衡体制必须假设政治家都是为了私利不惜任何代价的恶棍，每个分支机构都为其部门利益而斗争，在其争斗之中实现权力的制约与平衡。

实际上，分权制衡的实践早在美国殖民地独立革命之后就已经开始。当时，受到孟德斯鸠的三权分立学说的影响，美国各州殖民地在设计宪法和政府形式的时候都采取了三权分立、分权制衡的结构。如弗吉尼亚州在1776年确立的政府形式当中宣告，弗吉尼亚人民决定："立法、执行和司法部门应当分立和区别，因此谁也不行使属于其他部门的权力：除了县法院的法官可以成为

① ［美］霍夫施塔特．美国政治传统及其缔造者［M］．崔永禄，王忠和，译．北京：商务印书馆，2012：4.

② ［美］汉密尔顿，杰伊，麦迪逊．联邦党人文集［M］．程逢如，关在汉，舒逊，译．北京：商务印书馆，2004：264.

议会任何一院的成员外，将没有任何个人同时行使一种以上的权力。”其他一些州也做出了类似的规定。随后，在美国构建宪法的过程当中，“分权学说本身……作为一个自由政府制度的关键基础而坚实地保留下来了”。[①]

美国的建国是从脱离英国殖民地的历史发展而来的，是美国革命所塑造的13个独立州结合成为一个国家的过程。因此，缔结美国宪法的13个州代表对再出现一个类似英国政府一样的中央集权的贵族统治或者国王暴政的可能性极为警惕。在很大程度上,《联邦宪法》从其起源上来讲就是各州人民为了约束联邦政府而订立的界限和契约，其根本目的在于保护其先于美利坚合众国成立的固有自由权利。自由权利，更具体地说，很大程度上就是私人财产权。

不过，对于用何种国家的形式保护个人的自由与权利，联邦主义者与杰斐逊的拥护者观点并不相同。联邦主义者对于英国在贸易、政治和军事等方面对美国国家利益的压制非常重视，他们希望美国可以有一个强大的联邦，包括联邦国防、军队、州贸易，从而让美国在国际上有一席之地。但杰斐逊及其拥护者对于联邦集中权力非常担忧，杰斐逊更把联邦政府比作和英国的君主制一样的政体，他说两派之间的争论是君主制和共和制之间的争论。[②]这种分歧使美国建国初期对联邦政府是否需要、是否应该制定一部《联邦宪法》都进行了广泛而深入的辩论。在这场辩论中，支持联邦扩权的一方对于宪法的支持论述结集成为著名的《联邦党

① ［英］维尔．宪政与分权［M］．苏力，译．北京：三联书店，1997：113.

② Richard Hofstadter. *The Idea of a Party System*：*The Rise of Legitimate Opposition In the United States*. 1780—1840. California：University of California Press, 1970. P. 123.

人文集》(*The Federalist Papers*)。所谓联邦党人是后世对开国宪法论战中支持联邦主义的人的称呼，而联邦主义的代表，例如汉密尔顿、麦迪逊和杰伊，尽量避免这样称呼自己。与之相对的阵营，甚至连一个名字也没有，后世也就称之为反联邦党人(anti-Federalist)而已。[①] 在这个阵营中，最著名的当属美国第三任总统、《独立宣言》的起草人托马斯·杰斐逊。最终，在联邦党人的主导下，美国1787年制宪会议制定了新宪法，改变了之前1781年《邦联条例》(*The Articles of Confederation*)体制下松散的联邦状态。

《联邦宪法》为权力制衡进行了务实的制度设计，三权分立的政府体制就是其表现形式。三权分立不仅仅是三种权力相互分开，互不隶属，而且意味着相互监督和制衡。比如，立法权本应该完全属于立法机关，即美国国会。并且，美国国会采取两院制，分为参议院和众议院，两院之间也存在制衡关系，因为参议院建立在各州的基础上，而众议院建立在人口的基础上。但《联邦宪法》规定了总统针对法案的否决权，即法案在通过参众两院之后必须提交给总统审核通过，总统签字之后才能生效。如果总统不同意法案，那么可以拒绝签署，而将法案打回到国会重新进行审议。类似这样的否决权还有很多，因而有些学者将美国的政体称为“否决政体”(vetocracy)。[②] 此外，联邦最高法院享有依据宪法来审查国会和各州立法机关立法的合宪性，以及行政分支命令和决定的合宪性，并否决那些联邦最高法院认为违反宪法规定的法律，因

---

① [美] 斯托林. 反联邦党人赞成什么：宪法反对者的政治思想 [M]. 汪庆华，译. 北京：北京大学出版社，2006：4.

② Francis Fukuyama. *Political Order and Political Decay*：*From the Industrial Revolution to the Globalization of Democracy*. London：Macmillan, 2014. P. 445–460.

此建立了一种所谓“司法审查”（judicial review）的体制。总体来看，一部法律要想获得通过并最终产生效力，其草案需要经过众议院、参议院、总统以及最高法院的层层审查，在其中的任何一个环节都有可能被否决。因而，一种社会力量如果想影响政策或法律，那么可以通过各种渠道、各个环节发挥作用。

从比较的角度来看，美国的三权分立政体非常特殊，尤其不同于欧洲所流行的议会制。三权分立体制严格说起来是总统制，与议会制大相径庭。议会制下行政机关的权力来自立法机关的授权，而非人民的直接授权。总统制的主要特征则是立法和行政机关具有相互独立的正当性来源：总统和国会议员都是民选的，两者通过相互独立的选举系统获得人民的授权。因为立法和行政机关同时诉诸民意，二者也就有了影响政策取向的不同渠道。

《联邦宪法》将各州更紧密地融合在一起，但仍然保持了联邦制的基本结构，即形成了联邦和州的两套法律系统，构成了联邦政府和州政府之间进行权力划分的基本结构。联邦和州之间的相互权力划分与相互制衡也构成了美国权力制衡体制的纵向维度。各州可以通过宪法和法律的手段制约联邦权力，以便防止联邦权力扩大，侵犯各州的自主权。

正是分散化的权力为智库在美国政治当中的运作提供了空间。比如，在总统制之下，每一任总统都会任命其手下的高级行政官员，每一次换届都意味着政府成员的大换班。由于跟随总统的任期而进退，大批行政系统的高级官员在有限的任期内更多关注的是当下的事务，而对于专业性的事务难以形成长期的经验和深度的研究，因此特别需要政府之外的力量来进行研究并为其决策提供帮助。政府和智库两个体系之间以及在总统换届时的人才流动，也就形成了智库和政府之间的“旋转门”机制。

此外，美国智库能够得到大规模的发展，得益于美国宪法和法律体系对于言论自由与结社自由的保护。根据言论自由的基本原则，政府不能支持任何一种特定的言论，也不得禁止任何一种特定的言论，只要该言论没有引发即刻的社会动荡或者对于社会秩序产生明显的威胁。换言之,在言论自由受到严格保护的情况下，美国政府本身并不承担，也不应承担任何意识形态，而应在各种意识形态面前保持中立，允许各种各样的声音发表出来，并允许其影响政府决策和政治过程。因而，言论自由被认为是美国民主政体的基本条件。[①] 就任何一个具体的议题，美国舆论当中都有多个主体、部门和社会团体从不同的角度发出声音。决策者会从不同的声音中选择自己认为最为适宜的政策。在此过程中，智库充当了发现问题、研究问题并提出解决方案的角色，并因为政府的需求和管制的宽松而迅速发展。

（二）选举政党：美国政党制度的特征

因为历史的原因及宪法体制的特殊性，美国政党突出的特点就是政党权力的高度分散和较少的政党自律。虽然美国只有两个主要政党，但比起欧洲的政党来说实在不算有利，更不要说跟社会主义国家相比了。相比欧洲和加拿大的政党，美国民主党和共和党的内部不算铁板一块，同一个党中持有的意见可以非常不同，且美国的政党很少对政策制定做出努力。相比较而言，德国的政党经常参与

① ［美］米克尔・约翰．表达自由的法律限度［M］．侯健，译．贵阳：贵州人民出版社，2003：37.

政策制定过程，并且有自己的研究部门。

实际上，美国宪法所确立的政治体制最初并没有政党的位置，这种体制以权力制衡为特征，而权力制衡形式后面所蕴含的实质其实是一种宪法框架下“合法反对”的原则，即允许合法的反对力量存在并对政府进行批评和监督。这个原则经过美国建国之后两代领导人将近60年的时间才真正开始深入人心，并最终成为美国宪法体制的一项根本原则。

美国政治学家理查德·霍夫斯塔特（Richard Hofstadter）将“合法反对原则”定为一条严整的三段式：[①] 首先，“合法反对”的前提是“符合宪法”（constitutional），即执政党与反对党派都承认对方的合法地位。其次，反对党派必须与执政党一样对国家长远利益负有责任，双方互批是为了提供更好的政策，相互监督竞争。最后，反对执政党的党派不能试图反对政府，而是应该具有随时可以执政的能力，做好执政的组织、纲领、人才等准备，由此才可以成为有效的反对派。

理查德·霍夫斯塔特把“合法反对”这一原则的生长过程分为两个阶段。前期是弗吉尼亚王朝（The Virginia Dynasty，1789年至1825年），即指华盛顿、杰斐逊、麦迪逊、门罗四位弗吉尼亚人当总统的执政期，在这期间，政治精英们避免与“政党”活动相联系。在那个时候，正如《联邦党人文集》当中对于政治派系（political factions）和政党政治的厌恶一样，开国领袖们普遍认为政治决策应当是全体一致的，不应该存在政党划分和相互争斗。因此《联邦宪法》只字未提政党。1796年，美利坚合众国第一任

---

① Richard Hofstadter. *The Idea of a Party System*：*The Rise of Legitimate Opposition in The United States*, 1780–1840. California：University of California Press, 1970.

总统乔治·华盛顿在其退任之前的告别演说中，给他的后辈提出了一条重要的忠告，即反对政党分化和党派斗争。[①]

“合法反对”原则确立的后期是杰克逊和范布伦总统的时代，大约是 1829 年到 1841 年。经过了长期的实践之后，美国的政治精英被迫承认政党政治的现实，开始接受两党并存、合法竞争的游戏规则。1834 年至 1854 年是民主党和辉格党之间的竞争，从 1854 年直到现在，则是民主党和共和党之间的竞争。[②]美国两党制确立之后，两党的主要精力开始越来越多地集中到总统竞选上，这成为美国政党政治的一大特色，也为美国智库发挥重要的政治影响力提供了条件。

首先，美国两大政党发展至今，形成了极为松散的组织结构。这一点尤其体现在联邦和州层面政党组织的分散化，比如，民主党和共和党在州乃至县层面都设有组织，然而这些组织与中央组织之间的关系呈现出一种多层蛋糕的模式，州和地方政党组织享有巨大的权力，呈现出很大程度的自治形态，而不是受制于政党中央组织的命令—服从模式。[③]其中，州的委员会在两大政党组织当中都是最为重要的组织。即便是在联邦层面，两大政党的组织结构依然非常松散，呈现出一种多组织并存且相互独立的状态。一般来说，这些组织包括政党全国代表大会（national convention）、政党全国委员会（national committee）和国会政党组织以及政党州

① 黄柯可 . 乔治·华盛顿的告别词［J］. 世界历史，1982（3）：88–92.

② 小阿瑟·施莱辛格 . 美国民主党史［M］. 复旦大学国际政治系，译 . 上海：上海人民出版社，1977：1.

③ Macolm Jewell & David Olsen. *American State Political Parties and Elections*. Homewood : The Dorsey Press, 1978.P.55–56.

长协会。[①] 相比较而言，权力较大的是两大政党都常设的全国委员会。该委员会的主要职能是组织选举，特别是筹备全国代表大会，是一般意义上的最高领导机构。该委员会的主席一般是两党之中实力和名望都很大的人，或者是能够调和党内各派系的人物。[②] 但是在实际政治过程中，无论是全国委员会主席还是全国委员会本身都无法用纪律约束本党在国会当中的议员，对于各州的政党组织更没有约束力。从影响具体政策的角度而言，两大政党更为重要的一些组织设在国会内部。其中，参议院和众议院之内的党团会议具有重要的地位。

其次，美国两大政党早期的意识形态色彩不强。在 20 世纪 60 年代之前，美国两党虽然秉承不同的意识形态，但是出于选举的目的，两党都要诉诸一些普遍而抽象的理念，而不是非常具体的意识形态信条。安东尼·唐斯的“中间选民定理”[③] 发现了其中的内在逻辑：两党制中的每一个政党都倾向于争得中间选民的支持，因此两党在意识形态争夺方面显得更为温和，而不像在多党制里面经常出现一些意识形态主张较为极端的政党。

最后，美国两大政党都缺少严格的政党纪律。美国两大政党都没有固定的党员登记制度，实际上也就意味着选民和党员之间的界限非常模糊，普通公民只需要在某次选举当中支持民主党或者共和党就是其“党员”。[④] 正因为如此，所谓“党员”并不承担任何的政治义务，也就相应地不受政党纪律的约束。并且，即便是政党内部

---

① 钱文华 . 美国两大政党组织结构研究［D］. 上海：华东师范大学，2008 ：31.

② 钱文华 . 美国两大政党组织结构研究［D］. 上海：华东师范大学，2008 ：36.

③［美］安东尼 · 唐斯 . 民主的经济理论［M］. 姚洋，邢予青，赖平耀，译 . 上海：上海人民出版社，2005 ：108–109.

④ 钱文华 . 美国两大政党组织结构研究［D］. 上海：华东师范大学，2008 ：97.

的政治家也并不负有多少忠诚的义务，参选人可以随时选择加入或者退出一个党，而转投另外一个党或者保持独立身份。甚至一个政党内部也会因为缺少统一的思想和严密的纪律而分为两派。

因为以上特点，美国两大政党在20世纪60年代之前更多秉承实用主义的态度，在意识形态问题上并不会采取特别明显甚至极端的立场，一个政党的内部也往往存在自由派和保守派等各派成员。

二、美国政治运作的微观变迁

19世纪中期以后，在美国传统的政治运作方式中，政党、国会和总统成为政治运作的主体。政党的根据地在各州层面，候选人通过各州党派中心的选择，对该州的政党负责。当候选人被选入国会之后，他们在各委员会下面接受老资历的议员的领导，因而呈现出论资排辈的现象。总统则在当选之后更多地代表整个国家从事外交和内政活动，而不过多地涉及具体的公共政策问题。[①]政治主体一般通过媒体以及意见领袖将其形象传达给选民，选民们大多忠诚于其所支持的政党。传统的美国政治多是问题导向的，特别是来自各州的国会议员更着眼于实际的事务，如在其选区修路等，而不关心抽象的议题。[②]

然而，在20世纪60年代之后，随着“文化内战”的扩展，以及现代媒体的发展（尤其是电视的出现），美国政治的微观运作

① David M. Ricci. *The Transformation of American Politics：The New Washington and the Rise of Think Tanks*. New Haven：Yale University Press, 1993. P.136–137.

② David M. Ricci. *The Transformation of American Politics：The New Washington and the Rise of Think Tanks*. New Haven：Yale University Press, 1993. P.137.

方式开始有了不小的改变：国会和总统乃至官僚机构的决策过程都开始呈现出碎片化的特征。

（一）国会的变化：议员个人主义的兴起

美国国会从建国开始一直是美国政治权力的中心，以至于20世纪初威尔逊总统曾经将美国的政体称为“国会政府”（congressional government）。[①] 更重要的是，根据宪法规定，国会是美国法律的制定机关，因为《联邦宪法》将立法权全盘授予国会。而且，国会享有宣战权等重大权力，因而可以对行政部门进行分权制衡。两大政党乃至其他利益团体都需要通过在国会山的大量运作将自己的意志上升为国家的法律，才能获得最终政治上的胜利。因而，国会一直是两党争夺的焦点。

从大的历史时段来看，美国国会20世纪下半期经历了一次重大的变迁。美国国会原本是一种紧密团结起来、按照党派分化的政治联合体，却逐渐成为独立议员构成的松散机构。在议事规则和国会程序方面，参议院和众议院都朝着有利于新议员的方向发展。如在选择国会下的专业委员会的主席时，传统的办法是按照资历来排，在国会工作时间最长的当然成为主席。但到了20世纪70年代，新的规则是，如果参议院或者众议院中的多数党有足够多的成员要求重新选举委员会的主席，那么一般来说就重新选举，不必按照资历来决定主席的人选。此外，年轻议员也可以对法案提出修正案，而在之前，委员会有权禁止普通成员提出修正案。

① Woodrow Wilson. *Congressional Government*, 1885.

总而言之，国会的权力越来越趋于分散化和年轻化。[①] 论资排辈的规矩被改变，这大大改变了国会的决策体制。

与此同时，参众两院内部的各种专门委员会的数量在 20 世纪 60—70 年代大幅增加。据统计，众议院专业委员会的主席数目从 1955 年的 75 人增加到 1979 年的 149 人，参议院也是如此。1955 年，民主党在参议院担任专业委员会的主席比例是 87.5%，而到了 1979 年，这一比例上升到了 98.3%。也就是说，几乎每一个参议员都同时担任某个专门委员会的主席。在国会结构方面，从 20 世纪 70 年代开始的一个突出特点是，负责搜集各类信息和进行研究的职员数目大幅提高。如基于各州基础的众议院工作人员的数目从 1970 年的 1035 人飙升到了 1983 年的 2785 人，而参议院相关人员的数目从 1972 年的 303 人增长到了 1983 年的 1132 人。国会的决策权进一步分散化了。[②] 这种趋势在"水门事件"（Watergate scandal）后尤其明显，国会改革的一个方向是增加能够为国会成员提供研究和指导的个人与委员会职员的数量。反过来，这些人又成为非政府组织特别是智库可以招揽和游说的对象。[③]

正是由于以上变化，人们已经很难就国会的具体决策进行预判。由于在各个具体问题上，都涉及不同党派乃至不同力量之间的斗争、妥协和角逐，加上很多非正式的机制控制着整个决策过程，实际问题的决策权已经非常分散化了，并且越来越技术化和专业

① David M. Ricci. *The Transformation of American Politics*：*The New Washington and the Rise of Think Tanks*. New Haven：Yale University Press, 1993. P.124–125.

② David M. Ricci. *The Transformation of American Politics*：*The New Washington and the Rise of Think Tanks*. New Haven：Yale University Press, 1993. P.125–127.

③ 林芯竹 . 为谁而谋：美国思想库与公共政策制定［M］. 北京：知识产权出版社，2007：198.

化，国会议员很难在短时间内形成判断。[①]每一个国会议员都有可能随时影响一个事项最终的决策结果，因而从一个方面来讲影响一个国会议员就有可能会影响到实际的决策过程。而从另一个方面来讲，由于每一个议员都有机会参与到政策制定的过程当中去，他们就需要广泛的信息和深入的研究来为其说服同僚并与对手辩论提供智力上的支持。这为智库的崛起及其影响国会决策提供了重要的条件和空间。

总而言之，自从 20 世纪 70 年代开始，国会变成了所谓的“开放国会”。国会日益呈现出个人主义的特征，而不再是根据政党团结组织在一起的统一战线。这实际上跟美国 20 世纪 60 年代以来各种社会运动造就的整个社会文化年轻化有关。自从 20 世纪 60 年代以来，美国国会的组织结构和决策过程经历了一次由论资排辈和党派等级向议员个人主义的重大转型，这使整个立法和政策形成过程变得碎片化和多元化，没有任何一个人能够成功地预测——遑论决定——最终的政策结果。国会就每一项议题的决策结果变得越来越不可预测，这也就为各方力量不断加入进而影响最终的结果提供了可能性。

（二）行政权力格局：官僚群体的扩大化与分散化

在三权分立的政体结构中，作为美国的首席行政官员（executive officer），美国总统实际上身兼数职。从其所扮演的宪法角色来讲，总统既是美国的国家元首，也是政府首脑，并且是美国的首席外交

① David M. Ricci. *The Transformation of American Politics：The New Washington and the Rise of Think Tanks*. New Haven：Yale University Press, 1993. P.129–130.

官，是三军总司令。从政治运作上来讲，他还是政党的领袖、人民的代言人等。[①] 可以说，总统一人集中了多种政治权力和政治地位，在美国政治体系中扮演着重要的角色。

实际上，在最初的《联邦宪法》当中，总统的权力和地位远远不如国会。在 1787 年制定宪法的时候，制宪会议的代表普遍对于设立一个由一人担任的总统职位表示担忧，因为他们担心这个人会变成像英国乔治国王那样的专制暴君，从而危及人民的自由。[②] 最终，总统的权力被严格限定在执行法律上，而不能有立法权和规则创制权。这也是秉承了孟德斯鸠的经典论点，如果立法权和行政权合一，那么自由便不存在了。[③]

然而，随着 20 世纪以来美国政府权力的扩张，特别是美国大规模地介入国际事务（之前美国一直秉承门罗主义的孤立主义外交战略，不太介入世界事务）之后，美国总统权力日益扩大，因而被自由主义历史学家小亚瑟·施莱辛格在 1973 年一个著名的研究当中称为“帝王总统”（imperial presidency）。总统在内政外交各个方面都具有了实质性的规则制定权（power of rule-making），而不仅仅只是执行的角色，如总统经常突破宪法的规定，未经国会授权便对其他国家宣战等。[④]

与美国总统权力不断扩大相伴随的，是以白宫为中心的官僚

---

① David M. Ricci. *The Transformation of American Politics*：*The New Washington and the Rise of Think Tanks*. New Haven：Yale University Press, 1993. P.131.

② [美] 詹姆斯·麦迪逊 . 辩论：美国制宪会议记录 [M]. 尹宣，译 . 沈阳：辽宁教育出版社，2003：34–39，51–54.

③ [法] 孟德斯鸠 . 论法的精神（上册）[M]. 张雁深，译 . 北京：商务印书馆，1961：155.

④ Authur Schlesinger. *The Imperial Presidency*. Boston：Houghton Mifflin Company, 1973. P.131–278.

体系在罗斯福新政之后大规模的扩张，随之出现了很多新的管制机构、委员会、基金会乃至公司。[①] 比如，在新政对于经济开始全方位管制的时候，美国国会在 20 世纪 30—40 年代相继通过法律建立了联邦通讯委员会、联邦海事委员会、民航委员会等各种机构。联邦政府的雇员数量也开始大幅度上升：1933 年罗斯福当政时，美国联邦政府雇员仅为 60 万人，到 1953 年共和党总统艾森豪威尔任总统时，就已上升到 250 万人，其中仅 20 世纪 30—40 年代，联邦政府雇员的人数就增长了 40%。[②]

与此同时，直接为总统服务的辅助机构数目也开始随着总统权力的扩大而增多，以至于从 1939 年开始，白宫专门建立了“行政办公室”（Executive Office），统筹管理总统的各种服务人员。为总统服务的人员开始组建成不同的正式工作小组，如管理和预算办公室（Office of Management and Budget）、经济顾问委员会、国家安全委员会、法律顾问办公室（Office of Legal Counsel）等。[③] 正是由于这些新的管制机构的建立，在相关领域的各项实际政策已经开始由这些管制机构来制定，从而蚕食了很多本应该属于国会的权力。以国家安全委员会为例，该机构成立于 1947 年 7 月，其主要职责是统一美国国家内政、军事和外交政策，向总统提出建议。但是，需要注意的是，国家安全委员会不是决策机构，只能帮助总统在国家安全问题上进行统筹协调和咨询参谋，不能制定涉及军事外交的相关政策。换句话说，国家安全委员会是与国务卿密

---

① Bruce Ackerman. *Decline and Fall of the American Republic*. Cambridge : Harvard University Press, 2010.

② 袁维杰 . 美国联邦官僚制研究［D］. 南开大学，2012 ：68.

③ David M. Ricci. *The Transformation of American Politics : The New Washington and the Rise of Think Tanks*. New Haven : Yale University Press, 1993. P. 131–132.

切合作的一个机构，主要功能是协助总统制定长期对外政策，是为总统提供有效军事安排的咨询机构。在国家安全委员会的会议上达成的意见，须经总统采纳，才能成为政策。自成立以来，历届总统大多很倚重该委员会，特别是处理重大危机时，常要召开国家安全委员会会议，这个委员会实际上成为美国政府讨论和研究重大战略决策的核心组织。委员会由总统任委员会主席，其成员有副总统、国务卿、国防部部长、财政部部长、紧急准备局局长、中央情报局局长、参谋长联席会议主席及总统国家安全事务助理主管，日常事务由总统国家安全事务助理主管。总统国家安全事务助理亦称总统国家安全事务顾问，对总统负责，由总统任命，无须经过国会批准。笔者在2015年2月访问该委员会时，总统特别顾问罗伊·麦克法夸尔（Rory Macfarquhar）介绍，即便是国家安全委员会，也无暇对当下棘手的问题进行真正的研究，如有需要，他们会咨询有关智库或专家的意见。

正是由于此类机构的大量出现，总统行政办公室的人员数目从1960年的977人上升到1970年的1167人，而到了1985年更是上升到1360人。除此以外，总统还有大量的非正式机构和特别助手来为其提供咨询或者执行实际工作。此类人员在1938年的时候是45人，1960年变成了275人，到1973年则上升到500多人。在美国的宪政体制中，行政机关与国会不同，很多的具体决策是在内阁成员乃至其手下的手里形成的，而非总统直接处理，这也造成某种程度上的决策分散化。因为总统的实际内阁成员日渐增多，其负责专项事务的助理也日渐增多，导致了总统的命令和执行分支的意志在实际的执行过程中趋于碎片化。不同的僚属之间对于总统的命令和意志可能有不同的理解，在具体的执行过程中也会采取不同的方式或者有着不同的优先性安排。[1]

总之，美国政治的一个鲜明特色就是其联邦政府任命体系。美国总统有权利对7000多个联邦机构、委员会职位做出任命。尽管总统不会将这个权力使用到极致，但仍然会经常使用它。从这个角度来讲，最重要的就是行政分支机构的政策制定职位。[2]这成为美国智库与政府间“旋转门”的重要基础。同时，美国总统的庞大官僚集团内部因而也产生了不同意见的空隙，各种利益集团和政治势力可以通过影响僚属来影响政治议程，智库也不例外。由此，智库与此类政府官员之间的“关系”也成为智库研究成果产生作用的一个重要因素。

此外，要特别提及的是，美国联邦司法机关——特别是联邦最高法院——开始逐渐突破传统司法机关的宪政角色和功能，参与公共政策制定领域。之前，根据宪法的规定，联邦司法机关仅仅具有依据宪法和法律判决具体案件的功能，而不能直接插手经济社会事务，即所谓的“司法的被动性”原则。但是，正如第二章提及的，美国最高法院曾经在19世纪末期到20世纪初期，强势地介入经济事务，否定各州的经济立法，典型案例是1905年的“洛克纳案”。直到新政时期，最高法院被罗斯福的重组法院计划驯服，之后也就甚少介入经济政策问题了。20世纪50年代以来，美国最高法院又开始在民权和个人隐私权方面积极进行司法介入，依据宪法改造社会政策。最高法院的新举动典型地体现在两个大

① David M. Ricci. *The Transformation of American Politics*：*The New Washington and the Rise of Think Tanks*. New Haven：Yale University Press, 1993. P.132–133.

② Richard C. Bush. *Thoughts on Think Tanks and Their Role in Modern Society*. Washington DC：The Brookings Institution, April 11, 2013.

案之中：一是1954年宣判将黑人学生和白人学生隔离的学校违反宪法的“布朗诉教育委员会案”；二是1973年宣判在怀孕前三个月妇女有堕胎的宪法权利的“罗伊诉韦德案”。[①] 自那以后，美国最高法院开始大大地扩充自己的权力，几乎任何社会问题都会参与：教育、堕胎、同性恋、枪支管理、反恐战争等。因此，美国著名法官波斯纳将美国最高法院称为“政治法院”（political court）。[②]

在此过程中，智库也开始试图影响最高法院。如著名的自由主义智库加图研究所即致力于影响最高法院的判决，其每年专门编辑出版的《加图最高法院评论》（*Cato Supreme Court Review*），对上一年度最高法院判决的重大案件从所谓的“麦迪逊的角度”进行批判，实际上就是以传统的美国分权制衡以及自由放任思想来对当前案件进行分析和批判，具有很大的影响力。

三、民粹化、两极化与金元化挑战

（一）新时期的“融合主义”与民粹主义

本书开篇介绍了特朗普背后保守主义智库的支持，实际上，在特朗普上台前后，由保守主义智库所代表的各种保守主义力量的新融合更为关键。特朗普在竞选过程中所展现出来的与众不同的政治风格已经让世人感到震惊，而其最终能够击败希拉里，更是令人瞠目结舌。无论是支持者还是反对者，人们都必须承认，特朗普的竞选胜利在一定意义上反映了民粹保守主义的兴起。

① 两个案例分别为 Brown v. Board of Education 1954; Roe v. Wade, 1973。

② Richard Posner, *Foreword*：*A Political Court*, Harvard Law Review.

究其根源，特朗普的民粹保守主义可谓美国主体杰斐逊主义的延伸，也体现了一种新的融合主义。正如其曾经的首席智囊史蒂文·班农（Steven Bannon）所说的，特朗普融合的是传统保守主义、民粹主义和经济民族主义（economic nationalist）。[①] 传统保守主义整合了信奉市场自由主义和道德文化保守主义的传统共和党人，民粹主义则将茶党以及以茶党为代表的美国普通群众纳入特朗普的基本盘，经济民族主义更是将从新政以来即是美国民主党铁杆支持者的美国白人工人阶级变成了共和党的拥护者。这种新的融合主义以"让美国再次强大"为核心口号，可以说是自从里根革命以来保守主义历史发展的最重要的阶段。

特朗普的民粹保守主义的主要特征是直接诉诸最普通民众的情感、意志和偏好，在对外政策上则主张和信奉国家主义（反对国际化）、工业主义（反对自由贸易）和一定意义上的孤立主义政策（反对对外干预），其思想内核实际上可以追溯到美国久远的保守主义传统之中。沃尔特·罗素·米德（Walter Russel Mead）在《特殊的眷顾：美国外交政策及其如何影响了世界》一书中概述了美国外交政策的四个思想流派，分别是：汉密尔顿主义、威尔逊主义、杰斐逊主义和杰克逊主义。汉密尔顿主义者（Hamiltonians）认为，国家政府和大企业之间强有力的联盟是维护国内稳定和对外采取有效行动的关键，他们一直以来都很关注国家以有利的条件融入全球经济这种需求；威尔逊主义者（Wilsonians）认为，美

① Michael Wolff. Ringside With Steve Bannon at Trump Tower as the President-Elect's Strategist Plots "An Entirely New Political Movement"（Exclusive）. Available at : http : //www.hollywoodreporter.com/news/steve-bannon-trump-tower-interview-trumps-strategist-plots-new-political-movement-948747.

国在全球传播美国民主和社会价值观、建立一个接受法治的和平国际社会方面，既有道义上的义务，也符合重要的国家利益；杰斐逊主义者认为，美国的外交政策不应在对外传播民主上着力过多，而应致力于在国内维护民主制度；作为大型民粹主义派别，杰克逊主义者（Jacksonians）认为，无论是对内政策还是对外政策，美国政府最重要的目标都应该是保障美国人民的人身安全和经济福祉，美国不应该主动寻求外交冲突，但强调“要打仗就打胜仗”。[①]以前，杰克逊派分布在两党之中，但现在看来，他们都倾向于共和党了，而特朗普的出现就是一个明证：主张保卫边疆、控制边界、增强国内军力而不进行海外干预。这里最明显的就是杰克逊式的保守主义的思想。需要注意的是，特朗普反复强调的“美国优先论”，这个论调不仅为特朗普拉拢了选民，也进一步成为他的执政纲领。“美国优先”的思想可以追溯到20世纪30年代，面对席卷全球的纳粹主义，一种孤立主义思潮倾向于主张美国不要卷入战争，而是优先发展自身的经济和军事力量。特朗普提出的“美国优先论”在竞选时期让那些被忽视的人群感受到了未来的希望，在执政之后则体现为对增强美国自身实力的强调。

至于特朗普反对自由贸易的旗帜，则可以追溯到20世纪90年代。那时，保守主义派别衍生出的“好斗的”传统派（paleoconservative）就开始表达对全球民主和美国的海外政策的怀疑态度，他们害怕第三世界的移民对欧美文化产生影响；同时，他们公开批判自由贸易。新保守主义与传统保守主义的分裂也主要起源于这个时期关于美国对外政策的争论。传统派的领军人物，

① Walter Russell Mead. *Special Providence：American Foreign Policy and How It Changed the World*. New York：Routledge, 2002. P. xvii.

也是孤立主义的代表帕特里克·布坎南在1992年参加总统竞选时即打出第二次世界大战时期反干涉主义的“美国优先”竞选口号，引发了保守主义内部早在里根时期就浮出水面的两派矛盾大爆发，进而威胁了保守派大联盟的团结统一。实际上，早在20世纪80年代后期，随着里根革命成为历史，经历了8年市场经济说辞以及对福利国家的批判之后，庞大的政府在1989年依然存在，并且比之前更加庞大。以学术为导向的传统派就感叹，保守主义已经成为政治诡计——新保守派（Neo-Conservative）也就是从前的自由派在这中间起的作用是传统派最大的不满。传统派更像是1945年以前的美国右派，他们不希望只回到20世纪80年代或是融合主义时期，新保守派对他们而言就是闯入者和骗子，根本不是保守派。1996年，乔治·纳什对以上逻辑进行了专门论述。[①]

如今，特朗普重拾传统派的竞选口号，并呈现出更加强烈的民粹主义倾向，实现了新的融合。也正是因为其民粹主义倾向，特朗普在很大程度上获得了原先民主党的铁杆支持者——白人劳工阶级——的支持。这一点其实颇为奇特，因为特朗普本人恰恰是一个资本家阶层的代表。然而，如果我们理解了特朗普的选民基础，就不会对此感到奇怪。特朗普的支持者是大量的普通中年白人：他们的收入和教育水平都是中等偏下，自认为没有发言权，不相信任何机构或组织。特朗普的竞选纲领迎合了这些人：他承诺使美国再度变得强大，承诺让他们获得父辈以前曾有的工作职位，并且关心他们的利益。[②]实际上，民粹保守主义在特朗普参选之前

---

① George H. Nash. *The Conservative Intellectual Movement in America Since* 1945. 1996. P.337.

② 2016年10月笔者对胡佛研究所迈克尔·弗兰克的访谈。

既已形成气候，这就是自从奥巴马连任以来甚嚣尘上的茶党运动。随着选举进程的推展，特朗普从茶党处获得的支持以惊人的速度上升。特朗普宣布竞选以前，只有 20% 的茶党人对他有良好的评价。一个月后，这一数字上升到了 56%。特朗普的出现，将茶党中的民粹主义者与白人工人阶级联合在一起。特朗普当选之后的施政方针干脆被支持者称为“美国工人的权利法案”（American Workers' Bill of Rights）。①

特朗普对全球化的批评使其在初选期间获得了大量选民的支持。一方面，对于白人工人阶级而言，全球贸易体系对其的剥削已经持续了几十年。特朗普通过获得白人工人阶级的支持，扩大了党内的潜在基础。另一方面，全球化意味着人员的跨国流动，即移民。而对于白人工人阶级而言，移民对于他们的工作产生了威胁，同时给社会的稳定带来了不安。在这个方面，传统的共和党为了获得更多的支持，呼吁施行移民改革，让穆斯林、墨西哥人和拉丁美裔融入美国社会，这一点恰恰不能获得白人工人阶级的支持。然而特朗普则旗帜鲜明地反移民，恰恰迎合了那些普通白人的心。全球化的不满者、低学历的美国白人工人、缺乏专业技术的普通民众都被特朗普的工业民族主义所吸引。按理来说，工人阶级支持资本家（特朗普）是不可思议的事情。而之所以能够出现工人阶级支持特朗普的现象，与其说是因为白人工人阶级被蒙骗，而毋宁说是相比较于资本家以及共和党而言，民主党的

① Evan Osnos.The Fearful and The Frustrated：Donald Trump's nationalist coalition takes shape–for now. Available at：https：//www.newyorker.com/magazine/2015/08/31/the–fearful–and–the–frustrated.

精英主义姿态和言语方式更为令人反感。[①]

从某种意义上来说，特朗普的政治哲学和政治风格也反映了一股世界性的民粹主义潮流，即对西方新自由主义制度的厌恶情绪。从国际语境来看，当今世界的贸易全球化进程正在放缓。一方面是由于各国（特别是西方国家）贸易保护主义的崛起，另一方面是由于瓦解全球价值链的机会被慢慢耗尽。两方面的因素共同造成了民粹主义在高收入国家异军突起，并且快速发展。从经济上来讲，高收入国家内部不断加剧的不平等现象、日益增长的移民以及金融危机都导致了民粹主义的兴起。从政治上来讲，资本主义全球化、超国家机构的角色以及媒体转型都是构成民粹主义兴起的主要因素。在欧洲，2008 年以来极端排外的右翼民族主义政党出现，并且已经开始在某些国家执政。“在很多国家，深陷不平等与资源稀缺问题的选民，无视务实政党的冷静承诺，转而选择了如幽灵般的超验主义解决方式，无论其多么残酷。”[②]特朗普的行事风格和语言风格则恰恰迎合了选民的这种需求和渴望。特朗普看似“野蛮”的作风也继承了美国政治传统中的一个脉络，即针对巨大的政治压力的时候一种本能性的、暴力性的反抗。可以说，特朗普赢得总统大选，这个事实表明了具有美国特色的民粹保守主义已经成为一种巨大的政治能量。

---

① Lawrence Reosenthal.Trump, The Tea Party, The Republican and the Other. Available at：http：//www.otheringandbelonging.org/trump-the-tea-party-the-republicans-and-the-other/.

② Evan Osnos. The Fearful and The Frustrated：Donald Trump’s nationalist coalition takes shape—for now. Available at：https：//www.newyorker.com/magazine/2015/08/31/the-fearful-and-the-frustrated.

（二）政治症结与金元化的挑战

特朗普时期美国政治的突出特征在于民粹化，而之前的四五十年时间内，美国政治则体现为日益严重的两极化，二者共同构成当今美国的政治化症结。最近两年多来，问题更加严峻了，用乔治·纳什的话讲，“美国正处在火山喷发般的政治生活中”。在2018年1月的最新文章中，这位已经73岁的保守主义运动研究专家严肃地提出了一个关系到美国保守主义命运的问题：“保守派应该如何应对民粹主义的挑战？”①

就此问题，乔治·纳什做了相当精彩的分析。在他的框架中，“保守派”主要是指在威廉·巴克利和罗纳德·里根时代发展起来的保守主义知识分子与政治运动中长大或形成的美国保守派；而所谓的“民粹主义”，则是美国政治中反复出现的一个现象，即普通民众对咄咄逼人且自私的精英的反抗。美国民粹主义传统上有两种形式。一种是左派的，比如休伊·隆（Huey Long）和伯尼·桑德斯（Bernie Sanders），其目的是向私营部门和隐藏在华尔街的资本主义精英开火；一种是右派的，比如里根和茶党，他们把大部分的怒火集中在总部设在华盛顿的公共部门精英身上。在2016年，这两个相互竞争的民粹主义类别倚赖各自的政治家园——民主党和共和党——争夺霸权，结果却被一个新的甚至更加愤怒的民粹主义类型比下去：一个我们现在称为“特朗普主义”（Trumpism）的混合体。

乔治·纳什认为，特朗普主义的独特之处在于它同时攻击了三个建制：不仅仅是对处于核心行政区内的左翼建制派的反抗，也

---

① https：//www.newcriterion.com/issues/2018/1/how-should-Conservatives-respond-to-the-populist-challenge.

不仅仅是对附近的无力的共和党政治机构的反抗，还是对“冷战”时期形成的一个破旧的保守知识分子建制的思想上的反抗。自从1981年里根政府执政以来，占主导地位的保守主义的国内公共政策就是减税、支持自由贸易和支持移民，即供给方经济学，也可以称之为肯普主义（Kempism）——以众议员杰克·肯普（Jack Kemp）命名。然而在2016年，以“经济民族主义”为主要特征的特朗普主义出现。乔治·纳什慨叹道，很难想象有比这更明确否定里根时代的供给方经济学及其不知疲倦的守护者——《华尔街日报》社论的表态了。肯普主义和特朗普主义之间的政策差距似乎已经不可逾越。乔治·纳什借用罗素·柯克“审慎的政治”一语提出善意的提醒。他认为，巴克利－里根（Buckley–Reagan）的保守派说服者必须继续表达对受屈者的同情，包括经济和文化方面，并且必须在某种程度上、在公共政策领域尝试容纳民粹主义的方案。乔治·纳什提出：“当前的付出是为了治愈我们政治体系里的一些伤口。”

民粹主义的巨大内在力量在于，它为迄今为止没有声音的人发出声音。乔治·纳什精辟地分析了民粹主义的三个问题性特征。首先，民粹主义爆发如同自然界的火山爆发，往往是断断续续且相对短暂的，通常经济动荡开始消散时它们就会消亡。民粹主义的第二个问题特征用美国爱国主义领导人詹姆斯·奥蒂斯（James Otis）1775年对美国革命初期的描述最为恰当：“当锅沸腾时，浮渣就会涌起”，民粹主义本质上是一种挫折和激情的生物。民粹主义的第三个问题性特征是其措辞中的部落主义色彩。

乔治·纳什提醒道：“我们到底距罗纳德·里根所说的走了多远？他曾呼吁美国同胞不要成为敌对的种族、阶级或种族群体的成员，而应该自由地在自由之地追求自己的命运。”然而遗憾的是，美国人正生活在一个积怨和两极化日益深刻的时代，在这个时代，政治正在变成一个越来越苛刻且无节制的意愿竞赛。在这种充满诱惑的有毒气候中，对左翼和右翼而言，在“二元选择”的不断鼓动下修复各自队伍的压力是巨大的。乔治·纳什呼吁，保守派知识分子必须尽全力避免步入死胡同。他借用埃德蒙·伯克（Edmund Burke）的话提出警告：“除非某处存在着控制意志与欲望的力量，否则社会无法存在。”

最近两年，受民粹化的影响，公众对美国政府的信心在持续下降。弗兰克认为，民粹化来源于所谓上层社会的人做得不尽如人意，源于人们对政府和大机构的不信任。[①] 不论是新闻报道还是工会组织，其中的虚假和腐败都直接伤害了这些机构至为重要的公信力。盖洛普（Gallup）2018 年 1 月 17 日发布的最新报告显示，45%的受访者认为新闻报道中存在“很大的”政治偏见，显著高于皮尤研究中心 1989 年电话调查中 25%的水平，以及盖洛普于 2012 年进行的前次调查中 37%的水平。[②] 其结果就是大部分人选择不看新闻，不相信政府和智库的意见，而更多的是用自己的方式看待周围的世界，并做出选择。

两极化背景下，一些原有的政治规律也逐渐被打破。美国全国选举研究组织统计发现，在两极化背景下，相比于“不太积极的共和党人士”，那些无党派共和党人士在选举中更加善变。在

① 2018 年 1 月笔者对胡佛研究所迈克尔·G. 弗兰克的访谈。

② Jeffrey M. Jones and Zacc Ritter. Americans See More News Bias; Most Can't Name Neutral Source. Available at：http：//news.gallup.com/poll/225755/americans-news-bias-name-neutral-source.aspx.

1956 年至 2004 年的总统竞选中，ANES 利用 4 场竞选的面板数据研究发现，70% 的积极的党派人士会在相邻两场选举中支持同一党派，而不太积极的党派人士只有不到 50%，无党派共和党人士仅为 38%，无党派民主党人士仅为 31%。[①] 由此，“中间选民定理”已不再奏效，相对于两党制早期各自争夺中间选民的情况，两党在大选过程中都倾向于积极地亮出鲜明的立场以赢得选民。而实际结果也是，保守派的选民投票给共和党，自由派的选民投票给民主党，立场越鲜明越容易赢得选举。这样选举得出的结果就是，总统不是左派就是右派，没有中间派。进而，越来越多的中间派转而成为两极化分子。参与政治最多的人群，即被选举官员、候选人、捐赠人、各党派和积极分子都认为，美国正在经历越来越严重的两极化——在过去 50 年来，人们认为两党之间的差别增加了 30%。[②]

与此同时，意识形态智库也变得更加激进，CAP 一方面在批判民主党内非自由主义的做法，另一方面也在更加猛烈地攻击保守派的特朗普政府。[③] 传统基金会的新总裁詹姆斯上任前就宣称：“要早日终结失败的自由主义。”[④] 保守主义和自由主义之间的对抗，在两派智库身上体现得淋漓尽致。回顾历史可以发现，传统基金会在美国两极化政治的背景下兴起，又在民粹化的政治背景下迷离，传统基金会和美国新型意识形态智库发展的历程，正好映射

① Morris P. Fiorina. *Unstable Majorities：Polarization, Party Sorting, and Political Stalemate*. Hoover Institute Press, 2017.P.115.

② Morris P. Fiorina. *Unstable Majorities：Polarization, Party Sorting, and Political Stalemate*. Hoover Institute Press, 2017.P.23.

③ 2018 年 1 月笔者对美国进步中心高级研究员、中国政策主管韩美妮的访谈。

④ 译自传统基金会官方网站 https：//www.heritage.org/president.

了当今美国政治的两大症结。

回顾本书的分析可见，在1973年至20世纪80年代里根执政时期，是以传统基金会为代表的美国新型保守主义智库兴起和兴盛的关键时期。这个时期在美国政治史上堪称经典：20世纪60—80年代，美国保守派打通主义与权力，兵不血刃，夺取并巩固了执政地位，实现了美国由左到右的大转型。

自由主义和保守主义两派之争开始于思潮上的论战。20世纪60年代，自由主义如日中天，以至于自由主义者开始呼吁“意识形态的终结”。后来的历史表明，意识形态的斗争远未终结，新左派和反文化运动首先挑战自由主义，发起了“文化内战”。之后保守主义运动迅速崛起，“融合主义”集结了各派力量，以1980年里根当选总统为标志，保守派完成了针对自由主义建制的革命。

在自由派牢牢占据大学的情况下，保守主义智库坚持“思想有其结果”，为保守派提供智力支持和思想武器，成为保守主义运动在意识形态内战中的体制性支撑力量。“里根革命”则进一步为保守主义智库的崛起奠定了政治基础，使保守主义和保守主义智库的发展在20世纪80年代达到顶峰，传统基金会则乘势成为融合各派保守主义力量的中心。

传统基金会开创了美国智库的现代模式，也前所未有地秉持“研究、传播、游说”三个支柱，积极深入到美国的政治体系之中。“做库”模式的形成，又让这家智库支持茶党的民粹化行为顺理成章。从政治化到民粹化的传统基金会等意识形态智库的发展史，可以说是观察美国政治体系两极化和民粹化的最好维度。实际上，在这两个维度之外，美国政治和智库也在同时面临着金元化的挑战。

2010年，美国最高法院的一个判决放宽了公司政治捐款的法律限制，金钱对于政治的直接影响变得更大了，大公司、大财团和基金会对于智库的资金掌控也日益变得直接。另一个值得关注的角度是，最近的半个世纪以来，金钱、智库和美国政治之间，一个特殊的链条若隐若现：金钱以价值观的形式进入智库，价值观通过智库成果走进政治体系，之后堂而皇之地影响政治制度，最终服务于特殊利益。尽管这个角度上的分析多少有些阴谋论的色彩。

2012 年，加图研究所的控制权之争引起广泛关注。事情起因于科赫兄弟俩试图收购已故创始人威廉·尼斯坎南的股权，这意味着加图研究所将被兄弟二人控股。科赫兄弟的股权收购行动受到多数加图研究所管理层的抵制。几个月之后，双方最终达成和解。根据加图研究所官方网站公布的协议，该所将不再是一家股东持股机构，银行家约翰·艾利森（John Allison，美国 BB & T 银行前首席执行官）将取代已经管理该所 35 年的克雷恩，成为新的主席兼 CEO。这个协议表明，科赫兄弟一定意义上放弃了对加图研究所股权上的控制。

这场诉讼令华盛顿智库界哗然，原因在于，作为一家服务于公共利益的智库组织，著名的加图研究所竟然长期被四位创始股东控制，甚至毫厘间就沦为科赫兄弟的政治工具。在此之前，人们可以很容易地梳理出这家智库在贯彻科赫兄弟的政治意图上所做的努力，它不仅支持了科赫兄弟反政府和亲商界的观点，而且支持了一些与共和党纲领相冲突的主张，包括支持同性恋权利和毒品合法化等。①

此次诉讼之后，加图研究所改由该所的董事而不是股东管理，

---

① Jane Mayer, “The Kochs v. Cato: Winners and Losers.” Available at: https://www.newyorker.com/news/news-desk/the-kochs-v-cato-winners-and-loser .

12位董事中只保留了大卫·科赫一位创始人。而后来的事实表明，大卫·科赫以及科赫兄弟指定的继任者艾利森也都陆续淡出。加图研究所最终获得了弥足珍贵的独立性，更加幸运的是，此时的加图研究所已经走出以科赫兄弟为主的资助模式。加图研究所2017财年的营业收入大约为3800万美元，主要来自个人、基金会和企业的资助（见图5.1）。据负责财务和行政的副所长约翰·海莫曼（John Heimerman）介绍，该机构最近10年来的预算都在3000万~4000万美元，在2012年所有权争夺前后也保持相对稳定。[①]可以说，科赫兄弟的淡出对该所的财务基础并没有构成太大影响。

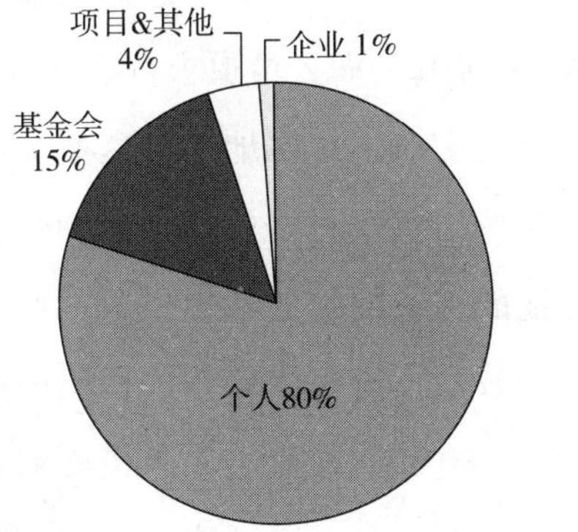

营业收入
个人……$30692000
基金会……$5708000
企业……$441000
项目……$932000
其他……$437000
总计……$38210000

图5.1　加图研究所2017财年的营业收入

资料来源：加图研究所官方网站www.cato.org。

① 2018年1月笔者对加图研究所财务和行政副所长约翰·海莫曼的访谈。

实际上，加图研究所对科赫兄弟而言也并没有那么重要，在科赫兄弟庞大的资助体系中，对该所的资助不过是冰山一角。2017年4月，南希·麦克莱恩的专著《链条中的民主：美国激进右翼隐形计划的深层历史》(*Democracy in Chains*：*The Deep History of the Radical Right's Stealth Plan for America*)出版，书中叙述了科赫兄弟将奥地利学派思想付诸行动的一系列案例，并试图揭示更深层次的问题[①]。她在乔治梅森大学一个杂乱无章的档案中找到了诺贝尔经济学奖得主布坎南和亿万富翁查尔斯·科赫之间的私人信件，进而发现了二者共谋的一个惊天计划："培养新一代思想家，反对布朗案以及宪政思想和联邦政策的变化。"布坎南是"公共选择"理论的奠基人之一，弗吉尼亚经济思想学派的领军人物，他的观点也广为人知：官僚和公职人员追求自己利益的动机不少于为公众服务的努力。布坎南旗帜鲜明地反对这些他认为侵犯了个人自由的政府行为，支持那些反对凯恩斯主义的经济学家。麦克莱恩断言，布坎南为他的理论的受益者提供了一些论据，说服美国公众遵守保护财富的政策，避免依赖累进税收的联邦项目。麦克莱恩发现，到20世纪80年代中期，布坎南在弗吉尼亚大学创立的研究中心已经成为一个平台，通过这个平台，看似相隔甚远的学者们被集中到"科赫兄弟和其他富人捐助者资助形成的巨大网络中"，这批学者形式上是分离的，但实际上却内在相连，特别是在加图研究所。[②]

---

① Nancy MacLean. *Democracy in Chains*：*The Deep History of the Radical Right's Stealth Plan for America*. New York：Viking Press, 2017.P.336.

② Nancy MacLean. *Democracy in Chains*：*The Deep History of the Radical Right's Stealth Plan for America*. New York：Viking Press. 2017. P.182.

最近两年，这方面的著作屡见不鲜，同样是2017年出版的戈登·拉弗（Gordon Lafer）的《完美的解决方案：企业如何重塑美国》[①]以及2016年出版的简·梅耶尔的《黑暗货币：激进右翼崛起背后的亿万富豪的隐藏历史》[②]都有不同程度的贡献。拉弗详细地展示了科赫兄弟影响州内的选举和公共政策的事实，而且他发现，这些并非零星的影响国家政策的努力。一个成立于1973年的秘密组织——美国立法交换委员会（ALEC）作用惊人。在21世纪的前10年，ALEC的龙头企业支持者为州选举贡献了超过3.7亿美元，每年超过100条法律根据ALEC的“示范”法案制定。[③]到2012年，美国最富有的10%的人口有史以来第一次占有超过50%的个人财富。财富的集中性催生了新一代超级捐助者，2012年所有个人竞选捐款的60%以上来自不到0.5%的人口。[④]

麦克莱恩等人的著作受到了广泛的批评，批评者指责她们夸大了这个案子和布坎南的所作所为，在多数保守主义者眼中，这些著作甚至不过是一些故弄玄虚的“文学作品”而已。此前，2014年9月，《纽约时报》的一篇题为“外国势力通过智库购买影响力”的报道也曾把布鲁金斯学会和战略与国际研究中心推上金

---

① Gordon Lafer. *The One Percent Solution*：*How Corporations Are Remaking America One State at a Time*. Cornell University Press , 2017.

② Jane Mayer. *Dark Money*：*The Hidden History of the Billionaires Behind the Rise of the Radical Right*. The Nation Company L.P., 2016.

③ Gordon Lafer. The One Percent Solution：*How Corporations Are Remaking America One State at a Time*. Cornell University Press , 2017.13.

④ Gordon Lafer. The One Percent Solution：*How Corporations Are Remaking America One State at a Time*. Cornell University Press , 2017.7.

元政治的风口浪尖。[①]该报道称，因为华盛顿智库数目的快速增长加剧了内部竞争，导致一些智库获得政府资金的难度加大，开始越来越多地依赖海外资金开展研究。基于美国智库对美国政府的巨大影响力，一些国家或直接与智库合作确定研究范围和研究方向，或向智库捐款后进一步收买说客和公关顾问团队，从而利用智库成果推动政策议程。根据有关文件披露，自 2011 年以来，至少有 64 个外国政府、国家控制的实体或政府官员为美国 28 个主要研究组织提供了捐助，过去 4 年内来自外国政府捐款或承诺捐款额至少有 9200 万美元，而实际捐赠的总数肯定要大得多。与此同时，学术研究和游说之间的界限正在变得难以辨别。该报道援引的一个案例是，2014 年之前的 4 年中，日本贸易振兴机构（Japan External Trade Organization）已经为战略与国际问题研究中心提供了至少 110 万美元的"研究和咨询"费用，以便促进日本和美国之间的贸易和直接投资，尤其是推动美国加速 TPP 谈判。这篇报道发出后，在华盛顿智库圈引起广泛关注。文中提到的接受日方捐赠的直接负责人马修·古德曼（Matthew P. Goodman）提起这篇报告，认为完全是"一派胡言"，在他看来，日方的资助"对我的观点、研究以及成果没有任何影响"，原因在于，"我们绝对不会暗箱操作：资助是透明的，研究是透明的，成果也是透明的"。[②]而该报道也称，尽管资金的来龙去脉相对透明，不过，一般而言，智库不会透露他们与外国政府达成的协议条款。而且，相关组织的研究人员在接受采访时说，来自外国的数千万美元的捐款者一定是对

① From The New York Times. Access at：https：//www.nytimes.com/2014/09/07/us/politics/foreign-powers-buy-influence-at-think-tanks.html.

② 2018 年 1 月笔者对战略与国际研究中心马修·古德曼的访谈。

结果有所期望的，有时外国捐助者会着力扼杀与自己相反的观点。

经受两极化、民粹化和金元化重重挑战的美国智库和政治体系，正面临着更深层次的异化风险。放眼未来，在政治化的困境中，传统基金会将何去何从？更为重要的是，美国政治体系将如何演变？让我们拭目以待。

附录一：美国智库与相关概念

智库的界定：广义与狭义

“智库”一词，简而言之，是用政策研究成果服务政府决策的一类社会组织，一般为非营利性质。据考证，“智库”一词最早出现于第二次世界大战中军事人士和文职方面的专家一起开会讨论并制订战略计划的活动，因而具有某种军事和战略色彩。[①]对智库的内在运行逻辑，可以简单概括为：募集社会资金，生产研究产品，提供政策建议，推动政策优化，从而实现自身的公益价值。

就其性质而言，美国智库的定义有广义和狭义之分。从广义上讲，美国智库是指以服务于美国国家利益和公共利益为目的、非营利性的公共政策研究机构，包括官方研究机构、研究型大学和独立智库三种类型。官方研究机构是美国政府体系之中各部门依照法律或命令设立的各种研究机构，主要为国会、总统和其他独立管制机构提供政策咨询和服务，类似于中国政府各个部门当中的研究室或者研究中心。但这些机构在美国特定的政治语境当中，逐渐呈现出边缘化的特征。[②]研究型大学即我们所熟悉的美国大学，特别是一些知名高校当中从事政策研究的机构，如针对中国研究领域的有哈佛大学的费正清东亚研究中心、耶鲁大学的中国中心、约翰·霍

---

① 任晓．第五种权力——美国思想库的成长、功能及运作机制［J］．现代国际关系，2000（7）．

② 王莉丽．旋转门：美国思想库研究［M］．北京：国家行政学院出版社，2010：33.

普金斯大学的外交政策研究所等，其主要特征在于运用专业知识和研究成果为政府决策及政治运作提供智力支持。

从狭义上讲，一般用语中的智库主要指第三种类型，即独立智库。这种智库是诞生在美国的政治、经济、文化土壤中的一种特殊民间组织，以影响公共政策的制定为目的，多呈现为非政府、非营利性的政策研究机构。这类智库最大的特征是其“独立性”，独立性是保证研究质量和打造影响力的前提，也是高质量智库在激烈的竞争中得以立足的重要基础。

具体而言，独立智库有三个主要特征：首先，独立智库一般独立于政府，也就是有其政治上的独立性。正如余章宝教授所言，独立智库“与政府之间是一种平等的合作关系，不是政府科层中的一个等级。政府既不能影响组织成员的构成，也不能决定它们所研究的问题，更不能左右它所做出的研究结论，尽管有些结论是政府不愿意和不喜欢的”。[①] 只有独立于政府之外，智库才能获得至为宝贵的立场上的独立性，保证其研究成果以质量为上，而不是一味地逢迎、解读。

其次，这些智库虽然需要资金的支持，但并不是为了谋取利润而从事政策研究，更不为特定的捐款人服务，也就是有其财务上的独立性。换言之，智库在某种意义上是一种公益组织，而不是商业团体的代言人，其本身不是一种拿钱办事的经济组织，而是依靠社会捐助进行活动的非营利组织。因而，智库试图在接受捐款的同时保证其自身的独立性，不像利益集团一样为某种特定利益团体服务，不是资本的代言人。并且，一般的捐款规则也造就了一种职业伦理，即捐款人无权在立场或结果上对接受捐款的

① 余章宝. 作为非政府组织的美国智库与公共政策［J］. 厦门大学学报（哲学社会科学版），2007（3）：115.

智库的研究成果提出要求。

最后，独立智库，即便是意识形态智库，也应该有其立场上的独立性。立场上的独立性要求智库不能从属于政党和政治意识形态，尤其要求智库从事实出发，依靠可靠的证据、严密的逻辑、科学的分析寻找问题的真实答案。与此相反，则是先从特定的立场出发选出自己想要的答案，然后再寻找数据支持自己的答案。

独立并非对立。智库在保持相对独立的同时，也需与政府决策者和各种社会利益集团保持良好的沟通和私人关系，而且对决策提出优化建议也并非是对政策制定者的否定。大量的美国独立智库尽管在财务或政治上是独立的，实际上也有着自己的政治倾向和政治背景，也就是说，独立不等于中立。不过，有政治立场的智库同样强调独立性。比如保守派的美国传统基金会，由于其自身贴有鲜明的党派标签，其研究的客观性很容易受到质疑，这些意识形态智库反而更加强调研究的独立性。正如美国传统基金会亚洲研究中心主任沃尔特·罗曼对笔者强调的："我们与共和党分享共同的政治价值观，但这并不意味着我们对其唯命是从。我们依靠优秀的研究来阐述观点，所以我们对于共和党来说应该算是忠诚的反对派。"[①] 当然，沃尔特·罗曼说的是一种理想状态，无论如何，明显的政治倾向还是会或多或少地伤害意识形态智库，让其信任度大打折扣。在里奇近期的一项调查中，传统基金会的信任度排名第九，远远落后于布鲁金斯学会（该学会的信任度得分最高）。[②]

独立性是美国智库的一大特色，相比欧洲和日本，这种特色显

① 2014年1月笔者对沃尔特·罗曼的访谈。

② [美] 安德鲁·里奇. 智库、公共政策和专家治策的政治学 [M]. 潘羽辉，等译. 上海：上海社会科学院出版社，2010：75.

得更为明显。如在德国，智库基本都属于政府资助，并与政党有着直接的联系。德国基督教民主联盟（CDU）就与著名的康拉德·阿登纳基金会（Konrad Adenauer Foundation）有着直接的隶属关系；社会民主党（SPD）旗下则有弗里德里希·艾尔伯特基金会（Friedrich Ebert Foundation）；基督教社会联盟（CSU）则拥有汉斯·赛德尔基金会（巴伐利亚）(Hans Seidel Foundation, Bavaria)；自由民主党（FDP）则有弗里德里希·瑙曼基金会（Friedrich Naumann Foundation)。① 而在日本，类似美国智库的政策研究功能主要由政府部门承担，智库在这些方面的影响力有限。② 非官方智库也多由企业主导设立，比如野村、瑞穗、佳能集团等，旗下都有专门的研究机构。2000 年之后，日本智库发展经历重组期，由于资金不足（国库补助金削减）等原因，部分智库解散、停止活动。③

独立智库：法律地位与政治作用

相较于其他国家对于智库的严格监管，智库在美国几乎完全没有监管，只需要符合税法上的非营利组织要求即可。在美国，大学或者商业机构都需要通过资质授权才可成立，但智库却不用。正如战略与国际研究中心研究员斯科特·米勒（Scott Miller）所言："在很多情况下，好的智库之所以能影响政策，主要取决于其研究的结论是否实事求是。这样的智库因其实事求是和对政策的影响力会受到社会的尊重。在美国，对智库没有过分的限制，在华盛顿特区发

① 马丁·W. 蒂纳特. 德国智库的发展与意义［J］. 国外社会科学，2014（3）.

② 2018 年 1 月 17 日笔者对野村综合研究所（NRI）相关人士的访谈。

③ 智库动向 2008［R］. 日本：综合研究开发机构（NIRA），2008：7–9.

起一家智库比开一家理发店还容易。无论是开理发店还是开出租车，都需要有执照，而智库的发起完全不需要任何执照。”[①]

实际上，美国智库主要受美国税法501（c）(3）条款的约束。美国税法第501款概括了25种符合免税条件的非营利组织类型，几乎所有的非营利组织都免缴国家和地方的财产税、营业税。对于向非营利组织捐助的公司，如果其捐助款不超过总收入的3%，那么这笔捐出去的收入将免除各项税收。[②]美国税法明确规定了符合下述三个条件的机构可以享受税收减免待遇：一是组织运作目标完全是为了从事慈善性、教育性、宗教性和科学性的事业，或者是为了达到税法明文规定的其他目的；二是组织的净收入不能用于使私人受惠；三是组织所从事的主要活动不是为了影响立法，也不干预公开选举。如前所述，501（c）(3）条款于1913年开始实施，后来在1954年和1969年得到过两次完善，直到今日，仍然是美国智库的基本依据。

智库在美国政治体系当中发挥着各种各样的作用，其主要作用有以下四种。第一种作用是形成较为长期的政策思想，以便影响下一届甚至更远的决策者和政治家。典型的例子是1980年传统基金会推出的《领导人的职责》以及胡佛研究所在20世纪70年代末推出的《八十年代的美国》两本政策报告。第二种作用是提供相对具体的政策方案或者提议，这是美国独立智库的特长和着力点所在。第三种作用是作为人才储备库，为特定的政党或者政治团体培养、储备和提供政治及政策人才，即所谓的“旋转门”功能。第四种作用是教育和传播功能，主要是为各种公共和私人

① 2013年2月笔者对斯科特·米勒的访谈。

② 孙倩.美国的非营利组织［J］.社会，2003（7）：51.

部门提供培训及咨询。[①]

在智库所希望重点影响的众多目标中，联邦国会被认为是最为重要的目标，因为无论是从宪法规定还是实际运作而言，联邦国会主要负责立法并且批准国家预算。此外，参议院负责确认总统委任——委任美国驻各国大使、内阁秘书长等重要职位。比这些权力更重要的是，国会是负责回应选民需要的主要机构。由此，与国会建立密切联系，就等于与全体美国人民直接连接起来。这种连接对许多智库来说是其影响公众观念和公共政策的生命线。

在美国，政治权力分散在不同的部门，立法委员可以自由投票，不断增加的议员和总统候选人也指望政策专家给予意见指导。在这样的环境中，智库所处的位置是令人羡慕的。由于自己的资源有限，大部分智库必须像利益集团那样，在战略上确定自己如何、在多大的程度上介入政策制定的哪一个环节。智库影响政策主要有两种方式。直接方式，即直接向决策者提供政策建议，从而影响最终的法律与政策的形成，其针对对象可以是国会议员、政党党团会议或者内阁成员，甚至总统本人或者最高法院大法官。间接方式，虽然智库有时不能将政策建议或者咨询意见直接提交给决策者，但是可以通过媒体发布给公众，从而影响舆论，最终达到倒逼决策者的效果。换句话说，智库的思想要么影响人民的代表，要么影响人民本身。

---

① 任晓．第五种权力——美国思想库的成长、功能及运作机制［J］．现代国际关系，2000（7）：20.

美国独立智库的类别

适当的分类有助于我们认识美国智库，更有利于我们理解智库的发展过程。智库研究界曾经有过两种经典的分类。第一种来自布鲁金斯学会著名智库研究学者肯特·韦佛。他将美国的独立智库分为三类："没有学生的大学"、"政府签约者"（Government Contractors）和"倡导型智库"（Advocacy Think Tanks）。[①]"没有学生的大学"是指一类由专业学术研究人员组成，更多地倾向于采取客观中立态度对社会政策问题按照学术标准进行学术研究的机构。就其理想类型而言，此类研究人员除了不授课之外，与一般大学的教授并无本质区别。与大学教授相比，他们不直接影响在校学生，而是转而影响已经毕业了的学生，即已经进入政府工作的学生。他们试图将知识的亮光照向政策决策的过程，著名的布鲁金斯学会和早期的斯坦福大学胡佛研究所都被归入这一类。

所谓的"政府签约者"与"没有学生的大学"相比没有根本的区别，而只是多了一项条件，即它们一般是从政府那里获得研究题目，并受到政府某个部门的资助，将研究成果提交给政府部门作为决策的参考或者依据。此类智库仍然秉承了较为严格的学术研究态度，即只为政府提供客观的分析，并提出几种可能的问题解决方案，而不是试图说服政府接受某一种立场或者方案。与此同时，为了保证自己的独立性，类似兰德公司这样的机构也试图在不同的政府部门取得签约合同，通过平衡不同部门努力实现自身的独立性。

---

① Kent Weaver. *The Change World of Think Tanks*. Political Science & Politics, 1989. Donald Abelson, *American Think-Tanks and their Role in US Foreign Policy*. London : Palgrave Macmillan, 1996. P. 44–48.

而最后一种即“倡导型智库”则与前两者有较大的不同。“倡导型智库”多具有鲜明的意识形态色彩，带有明确的政治立场，积极地倡导政策主张并主动推进政策影响力。因而，此类智库一般来说比前两种智库在公共舆论当中发出的声音更大。在倡导型智库的意义上，美国智库可以粗略地按照政治光谱分为自由主义智库和保守主义智库两大类，前者秉承自由主义的政治理念，以美国进步中心为代表。后者则更倾向于保守主义的政治立场，以传统基金会和AEI、胡佛研究所为代表。

麦甘则将智库的分类细化为学术型智库、合同型智库、倡导型智库以及政党型智库。[①] 前面三种与之前所述的分类没有什么区别，只是麦甘在倡导型智库的基础上又做了更为细致的区分，将其区分为倡导型智库和政党型智库两类。有些智库虽然有明确的立场但并不直接隶属于某个政党，即政治立场相同但没有组织或者财政的依附关系，因而跟政党之间保持了相对的独立性，即所谓的倡导型智库。倡导型智库的典型例子是加图研究所，它支持共和党的一些政治立场，但跟共和党之间并无体制性和财政的关联，甚至在某些问题上，比如伦理道德方面，与共和党的价值倾向并不相同。与倡导型智库不同，政党型智库则是有明确的政党属性，如美国进步中心。实际上，据笔者的观察，麦甘所谓的“政党型智库”一方面强调自己相对于党派的独立性，另一方面也有明显的倡导型智库特征，其更为突出的特征是意识形态色彩鲜明。

依据其参与政治的程度，本书将美国智库分为两类：中立智库和意识形态智库。中立智库在立场上保持中立，意识形态智库则

---

① J. G. McGann. *Think Tanks and Civil Societies*：*Catalysts for Ideas and Action*, New Brunswick and London：Transactions Publishers, 2005. P.6–14.

持有鲜明的政治理念。意识形态智库之中，又分为自由主义智库和保守主义智库。

其他基本概念

首先，本书重点论述的保守主义智库，是指具有鲜明的保守主义政治倾向的独立智库。保守主义智库秉持自由放任主义的经济哲学和传统的道德价值观，并且极力主张和大力推进此种政治理念在政治领域的结果。与之相反，自由主义智库则支持国家干预经济并主张道德上的个人自由，进而积极推动这种价值观的政治实践。值得注意的是，保守主义智库虽然具有明确的政治倾向，但仍然是一种独立智库，即与同样被认为是保守派的共和党之间不存在体制和财政联系。相比之下，自由主义智库——美国进步中心虽然法律上是独立的，但其与民主党之间有着直接的渊源，在独立性方面有所不同。这里所说的独立性，又不同于“中立”的概念，中立主要是指价值观上的不偏不倚，即没有明确的政治价值观，没有政治倾向性。而智库的独立性与中立性并不冲突，如传统基金会这样的保守主义智库一样可以是独立的。

其次，需要说明的是，本书中用以分析保守主义智库的主要逻辑——政治化，一定意义上等同于意识形态化，具体体现为自由主义或保守主义的价值取向。政治化的智库往往表现为更加积极主动地介入实际政治的倾向，政治化的美国政治和社会体系则体现了明显的两极化和民粹化特征。由于具有更加积极甚至是前所未有的政治上的“侵略性”，本书也常常把20世纪70年代之后的意识形态智库或保守主义智库称为新型意识形态智库或新型保守主义智库。美国自由主义和保守主义智库政治化的极端形态是“做库”模式（在英文中表述为“do tank”或“ think and do tank”），也就是分别在税法 501（c）（3）条款和 501（c）（4）条款下成立智库和游说组织，二者互相配合，共同推进智库在政治领域的实际影响力。

“自由主义”或“保守主义”有时也表述为左翼或右翼（对应的是左派或右派），不过一般而言，左右表述下涵盖的价值观更为复杂。借用赵晓力的翻译，“自由主义”在英文中对应的是 liberalism。相应地，“自由主义者”或者“自由派”对应的是 liberal，与“保守主义者”或“保守派”（Conservative）相对。[①] 究其价值观，简而言之，“自由派”支持国家干预经济但反对国家干预道德，“保守派”反对国家干预经济但支持国家干预道德。要顺带提及的是，美国的自由派不同于中国的自由派：“中国目前的自由派起源于 20 世纪 80 年代开始的经济改革，自由是指要市场经济不要计划经济；而美国目前的自由派源于 20 世纪 30 年代的罗斯福新政，在 1934 年第二次炉边谈话中，罗斯福将自由定义为‘普通人拥有更大的安全感’，用美国自由派历史学家方纳的话说，罗斯福‘始终把自由与经济安全感联系起来，将根深蒂固的经济不平等当成自由的最大敌人’。”[②]

此外，本书重点论述的保守主义不同于自由论的保守主义（即 Neo-Conservatism），主要包括经济上的自由主义和道德上的保守主义。自由论的保守主义，使用的是进步和个人自由的语言，它不同于“新保守派”（New Conservative）——强调传统、社区和道德义务。前者

---

① ［美］小尤金·约瑟夫·迪昂．为什么美国人恨政治［M］．赵晓力，等译．上海：上海人民出版社，2011：406.

② 赵晓力．美国的意识形态内战［J］．南方人物周刊，2011（32）：102.

认为在追求个人自由的道路上有太多障碍，后者则谴责过度的个人主义和共同价值观体系的崩溃。[①]这个意义上的保守主义，又与欧洲的保守主义有一定的延续性。传统欧洲的保守主义是对法国大革命的反动，其核心目标是反对激进变革，反对自由主义的个人主义，维护传统价值。

① 方纳.给我自由（下册）[M].王希，译.北京：商务印书馆，2010：1219.

附录二：研究现状及研究方法

虽然美国智库已有整整100年的历史，但智库的学术研究却是较为晚近出现的事情，可以说是从20世纪70年代才开始形成规模。1971年，美国学者保罗·迪克森（Paul Dickson）出版了一部美国智库研究的著作，名字就叫《智库》(*Think Tanks*)，将智库单独作为一种政治现象进行研究，成为智库研究的开山之作。[①]1989年，当时供职于布鲁金斯学会的肯特·韦弗（Kent Weaver）发表了《变化的智库世界》(*The Changing World of Think Tanks*）一文，从历史的角度追溯了美国智库从独立研究机构到合同型研究机构再到政治主张机构的发展历程，是早期智库研究比较有分量的文章，引用率颇高。[②]20世纪90年代以后，美国智库已经在美国政治中起到了重大的作用，因而专门的智库研究开始逐渐出现，但是总量仍然不大。美国学者安德鲁·里奇曾在2004年中观察到"自1970年以来出版的有关美国智库的书籍还不到一打"。其中，政治学家写出的只有五本：大卫·里奇（David M. Ricci）的《美国政治学的改观：新华盛顿和智库的崛起》(*The Transformation of American Politics：The New Washington and the Rise of Think Tanks*）从华盛顿政治运作方式和政治结构在20世纪60年代的重大变迁切入，研究美国智库兴起

① Paul Dickson. *Think Tanks*. New York：Scribner, 1971.

② Kent Weaver. *The Changing World of Think Tanks*. PS：Political Science and Politics, 1989, P. 563–578.

的社会政治条件。[①] 詹姆斯·麦甘基于其博士论文出版的《公共政策研究产业中为了经费、学者和影响力的竞争》(*The Competition for Dollars, Scholars and Influence in the Public Policy Research Industry*),从微观政策过程的角度对美国智库进行了研究,揭示了金钱、研究与政策之间的复杂关系,具有开创意义。[②] 唐纳德·埃布尔森(Donald E. Abelson)的《美国的智库及其在美国外交政策中的角色》(*American Think Tanks and Their Role in U.S. Foreign Policy*)则重点论述了美国智库对于外交政策的重大影响。[③] 黛安·斯通(Diane Stone)的《捕捉政治想象力:智库和政策过程》(*Capturing the Political Imagination: Think Tanks and the Policy Process*)则通过比较英国和美国的智库,认为由于智库并不负责政策的实施,因而探讨其实际政策影响力并无太大意义,并因此转向展示智库如何在碎片化的美国政治过程中与政府官员互动的机制,展现其微妙的政策议程设置的过程,从而提出了"政策网络"(policy networks)、"知识共同体"(epistemic)等概念。[④] 唐纳德·E. 埃布尔森的《智库能发挥作用吗?公共政策研究机构影响力之评估》(*Do Think Tanks Matter? Assessing the Impact of Public Policy Institutes*)[⑤] 则通过实证和比较的方法对于智库的实际政策影响力进行估量,指出智库在美

① David M.Ricci. *The Transformation of American Politics: The New Washington and the Rise of Think Tanks*. New Haven: Yale University Press, 1993.

② James G.McGann. *The Competition for Dollars, Scholars, and Influence in the Public Policy Research Industry*. New York: American University Press, 1995.

③ Donald E. Abelson. *American Think-Tanks and their Role in U.S. Foreign Policy*. London: Palgrave Macmillan, 1996.

④ Diane Stone, Frank Cass. *Capturing the Political Imagination: Think Tanks and the Policy Process*. London: Routledge, 1996.

⑤ [加] 唐纳德·E. 埃布尔森. 智库能发挥作用吗?公共政策研究机构影响力之评估 [M]. 扈喜林,译. 上海:上海社会科学院出版社,2010.

国政策制定的各个环节的作用，包括议程设置、政策形成、政策执行等方面，并认为智库在政治对话和政策选择中具有重大影响，但在不同阶段呈现出不同的作用。[①] 在过去的30年中，没有一篇专门讨论智库的文章出现在《美国政治科学评论》(*American Political Science Review*)、《美国政治科学杂志》(*American Journal of Political Science*)或《政治学杂志》(*Journal of Politics*)等美国主流政治学刊物上，也没有出现在重要的政策或社会学期刊上。[②] 由此可见，美国主流政治学界对于智库现象的忽视十分明显。

20世纪90年代早期的智库研究大多侧重于勾勒出美国智库发展的历史脉络。其基本的历史叙述线条是：以布鲁金斯学会为代表始建于美国"进步时代"(the Progress Era)的智库多秉承客观中立的科学态度进行公共政策研究；20世纪40年代以后合同型智库兴起；20世纪70年代美国智库开始了意识形态智库(ideological think tanks)的阶段。有关智库与政治，两位美国学者的专著具有极强的代表性。1991年美国学者詹姆斯·史密斯在《思想掮客——智库与新政策精英的崛起》(*The Idea Brokers*：*Think Tanks and the Rise of the New Policy Elite*)中，从美国政治制度的基本结构以及20世纪60年代开始的自由派与保守派意识形态对立的角度，和现代政府治理的复杂性角度来解释美国智库兴起的原因。[③] 此外，就是上文提及的美国政治学家大卫·里奇的著作《美国政

① Donald E. Abelson . *Do Think Tanks Matter? Assessing the Impact of Public Policy Institutes*. Montreal：McGill–Queen's University Press, 2002.

② [美] 安德鲁·里奇．智库、公共政策和专家治策的政治学 [M]．潘羽辉，等译．上海：上海社会科学院出版社，2010：4–5.

③ James Smith. *The Idea Brokers*：*Think Tanks and the Rise of the New Policy Elite*. New York：The Free Press, 1991.

治学的改观：新华盛顿和智库的崛起》。詹姆斯·史密斯和大卫·里奇的两部专著都注意到了，20 世纪 60 年代开始的美国保守主义与自由主义的思想论战构成了美国智库政治崛起的意识形态背景。

之后，智库研究开始进入快速发展阶段，更为细致和深入的研究层出不穷，研究的数量也日趋增多，尤其是对于门类众多的智库进行分类的研究成果。如德国学者约瑟夫·布兰谋（Josef Braml）在《比较视角下的美国和德国智库》（*US and German Think Tanks in Comparative Perspective*）一文中将智库划分为研究型、合同型、倡导型和党派型智库四种，并指出德国智库与美国智库的不同：德国智库多半是研究型和合同型，而美国智库一半以上属于倡导型和党派型。[①] 由此可见美国智库的独特性。之后，基于美国为主要比较对象的比较研究著作开始多起来。[②]

中国学界对于美国智库的研究始于 20 世纪 80 年代，以介绍性的作品居多。“文化大革命”之后，中国学界重新开始正视美国政治制度，在了解美国政治制度的时候，一些有识之士也开始注意到美国智库的重要性。吴天佑、傅曦于 1982 年共同主编《美国重要思想库》一书，介绍了美国 60 多家主要智库的基本情况，可以说是开风气之先。[③] 八年之后的 1990 年，朱锋、王月若编写了《领导者的外脑——当代西方思想库》一书，对西方智库的基本情况，

---

① Josef Braml, US and German Think Tanks in Comparative Perspective, German Policy Studies, 3（2）, 2006, P.222.

② 例如，Diane Stone, Andrew Denham & Mark Garnett. *Thinks Tanks across Nations*：*A Comparative Approach, Manchester*：Manchester University Press,1998; James G. McGann, *Think Tanks & Civil Societies*：*Catalysts for Ideas and Action*. New Brunswick and London：Transaction Publishers, 2005; James G. McGann & Erik C. Johnson. *Comparative Think Tanks. Politics and Public Policy*. Northampton：Edward Elgar Publishing, 2005。

③ 吴天佑、傅曦 . 美国重要思想库［M］. 北京：时事出版社，1982.

特别是20世纪80年代的最新发展进行了较为深入的研究，其中专门论述了美国智库的发展。[①]21世纪以来，对于美国智库的研究越来越多。2000年5月，北京太平洋国际战略研究所发布了《领袖的外脑——世界著名思想库》一书，对世界各国的智库进行了较为详细的介绍。[②]2003年8月，中国现代国际关系研究所编写了《美国思想库及其对华倾向》一书，对美国智库如何影响美国政府的对华政策进行了深入的研究。[③]

同时，一系列更为细致和深入的研究开始出现，并着重研究美国智库和公共政策决策之间的关系，例如2002年袁鹏的《美国思想库：概念及起源》[④]，2004年王春法、张国春的《美国思想库的运行机制及其启示》[⑤]和朱旭峰、苏钰的《西方思想库对公共政策的影响力——基于社会结构的影响力分析框架构建》[⑥]，2006年肖丁人的《政治知识化——智库与政治决策过程的科学化》[⑦]，2010年王莉丽的《美国智库的"旋转门"机制》[⑧]和季萌的《舆论传播与美

---

① 朱锋，王月若．领导者的外脑——当代西方思想库［M］．杭州：浙江人民出版社，1990.

② 北京太平洋国际战略研究所．领袖的外脑——世界著名思想库［M］．北京：中国社会科学出版社，2000.

③ 中国现代国际关系研究所．美国思想库及其对华倾向［M］．北京：时事出版社，2003.

④ 袁鹏．美国思想库：概念及起源，国际研究参考［J］．2002（10）：1–5.

⑤ 王春法，张国春．美国思想库的运行机制及其启示［J］．民主与科学，2004（3）：40–44.

⑥ 朱旭峰，苏钰．西方思想库对公共政策的影响力——基于社会结构的影响力分析框架构建［J］．世界经济与政治，2004（12）：21–26.

⑦ 肖丁人．政治知识化——智库与政治决策过程的科学化［J］．社会观察，2006（8）：24–25.

⑧ 王莉丽．旋转门：美国思想库研究［M］．北京：国家行政学院出版社，2010.

国智库》[①]，2012年忻华的《美国主要智库对美国对韩贸易政策的影响机制：结构与过程的视角》[②]。美国智库对于中国政策的影响也是中国学界关注的热点之一，代表性的文献是张春的《美国思想库与一个中国政策》[③]。2013年，中共十八届三中全会通过的《中共中央关于全面深化改革若干重大问题的决定》提出，“加强中国特色新型智库建设，建立健全决策咨询制度”之后，智库研究进入繁荣阶段，各类论述层出不穷，对于美国智库的研究成果越来越多。[④]

总体上看，中文文献对于美国智库的研究大多数停留在描述智库基本情况的层次，对智库的运作、意识形态倾向尤其是智库与政治的互动逻辑等方面的研究较少，对于美国保守主义智库在保守派崛起的过程中所起的历史作用及其自身发展的政治逻辑，研究成果更少。

英文文献中，针对美国倡导型智库，尤其是保守主义派别的倡导型智库的研究已经初见端倪。詹姆斯·史密斯的《思想掮客——智库与新政策精英的崛起》一书第八章和第九章从美国20世纪60年代开始的意识形态内战出发，追溯了美国保守派通过塑造新型倡导型智库，特别是AEI、胡佛研究所和传统基金会，来推广

① 季萌．舆论传播与美国智库［J］．对外传播，2010（2）：58–59.

② 忻华．美国主要智库对美国对韩贸易政策的影响机制：结构与过程的视角［J］．国际论坛，2012（2）：25–31.

③ 张春．美国思想库与一个中国政策［M］．上海：上海人民出版社，2007.

④ 比如论文：王莉丽．论美国智库舆论影响力的形成机制［J］．国外社会科学，2014（3）：51–55；鲁传颖．美国智库在网络安全政策决策机制中的作用及特点［J］．现代国际关系，2015（7）：42–49；又比如书籍：王佩亨，李国强．海外智库：世界主要国家智库考察报告［M］．北京：中国财政经济出版社，2014；陶文钊．美国思想库与冷战后美国对华政策［M］．北京：中国社会科学出版社，2014；任晓．第五种权力：论智库［M］．北京：北京大学出版社，2015；王莉丽．智力资本：中国智库核心竞争力［M］．北京：中国人民大学出版社，2015.

保守主义的理念，用于挑战自由主义建制（liberal establishment）。[①]此外，唐纳德·克里奇洛（Donald Critchlow）在《保守主义得势：共和党右派如何塑造政治历史》（*The Conservative Ascendancy*：*How the GOP Right Made Political History*）一书的第四章着重研究了美国保守主义从弱势到强势崛起过程中智库所发挥的重要作用，特别是AEI和传统基金会将保守主义思想转化为实际的政策建议，从而对抗自由主义对于公共政策的把持地位。[②]此外，西德尼·布鲁门塔尔（Sidney Blumenthal）在《反建制的兴起》（*The Rise of Counter Establishment*）一书中观察到，具有保守主义倾向并受到大公司资助的知识分子在20世纪70年代开始组建新型智库来实现对于自由主义统治地位的挑战。[③]简·斯蒂凡西克（Jean Stephanic）和理查德·德尔加多（Richard Delgado）合著的《毫不手软：保守派智库和基金会如何改变美国的社会议程》（*No Mercy*：*How Conservative Think Tanks and Foundations Changed America's Social Agenda*）一书非常深入地论述了保守派如何从20世纪70年代开始，通过传统基金会这样的智库，在各种政策领域（如官方英语、移民制度改革、种族问题和优生学、平权行动、福利政策、侵权法改革以及大学文化等各个方面）开始大规模地挑战自由主义的统治地位，最终促进了保守主义的崛起。[④]

---

① James A.Smith. *The Idea Brokers*：*Think Tanks and the Rise of the New Policy Elite*. New York：The Free Press, 1993. P.167–240.

② Donald Critchlow. *The Consevative Ascendancy*：*How the GOP Right Made Political History*. Cambridge：Harvard University Press, 2007. P.104–122.

③ Sidney Blumenthal. *The Rise of the Counter Establishment*. New York：Harper & Row, 1986.

④ Jean Stephancic & Richard Delgado. *No Mercy*：*How Conservative Think Tanks and Foundations Changed America's Social Agenda*. Philadelphia：Temple University Press , 1996.

针对特定智库在保守派崛起过程中的作用的研究，近年来也逐渐出现。最为经典的当属乔治·纳什 1976 年出版的《1945 年以来美国的保守主义思想运动》[①]（*The Conservative Intellectual Movement in America Since* 1945）一书，该著作系统地梳理了美国 1945 年以来的保守主义思潮，通过描述与保守主义相关的人物、学派、概念、组织、事件、出版物等全面展示了战后保守主义思想运动的发展面貌。[②]该书在 1996 年再版，新版的书中增加了美国 1976 年以后到 20 世纪 90 年代的保守主义运动情况，其中专门论述了美国在 20 世纪 80 年代，传统基金会走到了美国保守主义智库的前列，成为"里根革命"的神经中枢。[③]供职于传统基金会的著名学者李·爱德华兹的《观念的力量：传统基金会 25 年》（*The Power of Ideas*：*The Heritage Foundation at* 25 Years）是对传统基金会专门的研究，该书是为了纪念传统基金会创建 25 周年所作，系统追溯了传统基金会从默默无闻到蜚声美国政坛的历史。从 20 世纪 70 年代的奋力发展，到 80 年代直接影响里根当局，一直到 90 年代的如日中天。[④]美国智库研究专家安德鲁·里奇在《智库、公共政策和专家治策的政治学》一书中，对保守主义智库也进行了重点分析，尤其凸显了保守主义智库从 20 世纪 80 年代开始数量上的激增以及影响力的扩大。[⑤] 2013 年，李·爱德华兹出版

① 书名系笔者的翻译。

② George Nash. *The Conservative Intellectual Movement Since* 1945. New York：Basic Books, 1976.

③ George Nash. *The Conservative Intellectual Movement Since* 1945. Wilmington：Intercollegiate Studies Institute, 1996.

④ Lee Edwards. *The Power of Ideas*：*The Heritage Foundation At* 25 Years. Ottawa, Illinois：Jameson Books, Inc., 1997.

⑤［美］安德鲁·里奇．智库、公共政策和专家治策的政治学［M］．潘羽辉，等译．上海：上海社会科学院出版社，2010：12–13.

了新书《领路：传统基金会和埃德温·福伊尔纳的故事》[①]（*Leading the Way*：*The Story of Edwin Feulner and Heritage Foundation*），更为详细地讲述了传统基金会及其创始人埃德温·福伊尔纳的故事，强调了传统基金会在美国保守主义崛起过程中的重要作用。[②]作为传统基金会的创始人之一，埃德温·福伊尔纳的"传统基金会"一文也是这方面的经典文献。文章从传统基金会的成立、资金、运营等方面出发，强调了保守主义观念的力量以及这种力量通过传统基金会特殊的营销方式所获得的巨大效果。[③]2016年出版的詹森·斯塔尔的《向右走：1945年后美国政治文化中的保守智库》[④]一书则详细地阐述了保守主义智库通过建立"思想市场"模型，通过思想市场的平衡逐渐取得政治话语权并不断地把美国的政治光谱引向保守主义的过程。[⑤]

中国学界对于保守主义智库的研究，一般都限于基本信息的介绍[⑥]、政策作用以及运行机制研究[⑦]，侧重于保守主义智库对华政策的研究。[⑧]任晓的《试论美国的保守主义运动——传统基

① 书名系笔者的翻译。

② Lee Edwards. *Leading the Way*：*The Story of Edwin Feulner and Heritage Foundat*ion. New York：Crown Forum, 2013.

③ Edwin Feulner. *The Heritage Foundation*, in James G. McGann and R. Kent Weaver. *Think Tanks and Civil Societies*：*Catalysts for Ideas and Action*. New Brunswick and London：Transactions Publishers, 2005.

④ 书名系笔者翻译。

⑤ Jason Stahl. *Right Moves*：*The Conservative Think Tank in American Political Culture Since* 1945. Chapel Hill：The University of North Carolina Press, 2016.

⑥ 张焱宇.美国思想库介绍——传统基金会［J］.国际研究参考，2001（11）：16–20.

⑦ 曲伟.美传统基金会的作用及其运行机制［J］.中国经贸导刊，2003（3）：46.

⑧ 胡炜.美国传统基金会的对华研究［J］.国际研究参考，2007（1）34–37. 钱皓.美国传统基金会与"冷战"后的"中国威胁论"［J］.国际论坛，2006（6）：40–47.

金会的研究》是国内为数不多的针对美国意识形态智库在美国保守主义运动中的作用的研究。[①]该文以传统基金会的发展逻辑为个案，尤其突出介绍《领导人的职责》及其影响，从中分析保守主义思想库在美国保守主义运动中的重要地位和作用。

显而易见，中国学界对美国保守主义智库及其作用的研究还远远不够，这样不仅对研究美国现代政治是一个缺憾，也容易让我国学界忽视美国智库与政治思潮、政治体系之间的实际关系，对美国智库的实际作用和作用机制造成误解，不利于我国当前的新型智库建设和学界对智库实际作用的探究。

就研究方法而言，一方面，本书秉承文献回顾的基本方法，对美国保守主义运动思潮及其历史和政治背景进行追溯与重述，特别分析保守主义如何从一种非常边缘的意识形态在短时间内变成了美国主导性意识形态的历史过程；另一方面，本书通过对保守主义的主要智库尤其是传统基金会的案例分析保守主义智库在保守派崛起过程中发挥的重要作用，由此展示其在美国政治体系中的重要影响力以及美国政治本身近半个世纪的演变。

① 任晓．试论美国的保守主义运动——传统基金会之研究［J］．世界经济与政治，2004（2）：61-66.

参考文献

1.［美］埃里克·方纳．给我自由［M］．王希，译．北京：商务印书馆，2010.

2.［美］安德鲁·里奇．智库、公共政策和专家治策的政治学［M］．潘羽辉，等译．上海：上海社会科学院出版社，2010.

3.［美］安东尼·唐斯．民主的经济理论［M］．姚洋、邢予青、赖平耀，译．上海：上海人民出版社，2005.

4．班斯特德，徐继孔，徐青．比尔·克林顿总统［J］．国外社会科学文摘，1997：（1）．

5．北京太平洋国际战略研究所．领袖的外脑——世界著名思想库［M］．北京：中国社会科学出版社，2000.

6．彼得·艾迪科，车同侠．意识形态以及利益集团在美国智库运转中的角色［M］．经济论坛，2015：12.

7.［美］毕克尔．最小危险部门：政治法庭上的最高法院［M］．姚中秋，译．北京：北京大学出版社，2007.

8．丁幸豪．里根的“思想库”——胡佛研究所和乔治城大学战略和国际问题研究中心［J］．国际展望，1981：（1）．

9.［英］弗里德里希·哈耶克．通向奴役之路［M］．王明毅，冯兴元，等译．北京：中国社会科学出版社，1997.

10.［法］贡斯当．古代人的自由与现代人的自由［M］．阎克文译，上海：上海人民出版社，2003.

11.[美] 哈茨 . 美国的自由主义传统 [M] . 张敏谦，译 . 北京：中国社会科学出版社，2003.

12.[美] 汉密尔顿，杰伊，麦迪逊 . 联邦党人文集 [M] . 程逢如，在汉，舒逊，译 . 北京：商务印书馆，2004.

13. 胡炜 . 美国传统基金会的对华研究 [J] . 国际研究参考，2007 :（1）.

14. 黄柯可 . 乔治·华盛顿的告别词 [J] . 世界历史，1982 :（3）.

15.[美] 霍夫施塔特 . 美国政治传统及其缔造者 [M] . 崔永禄，王忠和，译 . 北京：商务印书馆，2012.

16. 季萌 . 舆论传播与美国智库 [J] . 对外传播，2010 :（2）.

17.[美] 李普曼 . 公众舆论 [M] . 阎克文、江红，译 . 上海：上海人民出版社，2006.

18. 李强 . 新保守主义与美国的全球战略 [J] . 书城，2003 :（5）.

19. 李强 . 自由主义 [M] . 北京：东方出版社，2015.

20. 林芯竹 . 为谁而谋：美国思想库与公共政策制定 [M]. 北京：知识产权出版社，2007.

21. 刘军宁 . 保守主义 [M] . 北京：东方出版社，2014.

22. 鲁传颖 . 美国智库在网络安全政策决策机制中的作用及特点 [J] . 现代国际关系，2015 :（7）.

23. 马丁 · W · 蒂纳特 . 德国智库的发展与意义 [J] . 国外社会科学，2014 :（3）.

24.[美] 马克 · 吐温 . 镀金时代 [M] . 春燕，译 . 呼和浩特：内蒙古人民出版社，2010.

25.[法] 孟德斯鸠 . 论法的精神（上册）[M] . 张雁深，译 . 北京：

商务印书馆，1961.

26.[美] 米克尔约翰 . 表达自由的法律限度［M］. 侯健，译 . 贵阳：贵州人民出版社，2003.

27. 钱皓 . 美国传统基金会与冷战后的“中国威胁论”[J］. 国际论坛，2006 :（6）.

28. 钱满素 . 美国自由主义的历史变迁［M］. 北京：三联书店，2006.

29. 钱文华 . 美国两大政党组织结构研究［D］. 华东师范大学，2008.

30. 曲伟 . 美传统基金会的作用及其运行机制［J］. 中国经贸导刊，2003 :（3）.

31. 任晓 . 试论美国的保守主义运动 —— 传统基金会之研究［J］. 世界经济与政治，2004 :（2）.

32. 任晓 . 第五种权力 —— 美国思想库的成长、功能及运作机制［J］. 现代国际关系，2000 :（7）.

33. 任晓 . 第五种权力 —— 论智库［M］. 北京，北京大学出版社，2015.

34.[美] 瑞秋·卡逊 . 寂静的春天［M］. 吕瑞兰，李长生，译 . 上海：上海译文出版社，2007.

35. 孙倩 . 美国的非营利组织［J］. 社会，2003 :（7）.

36.[加] 唐纳德·E. 埃布尔森 . 智库能发挥作用吗？公共政策研究机构影响力之评估［M］. 扈喜林，译 . 上海：上海社会科学院出版社，2010.

37. 陶文钊 . 美国思想库与冷战后美国对华政策［M］. 北京：中国社会科学出版社，2014.

38.[法] 托克维尔 . 论美国的民主 [M] . 董果良，译 . 北京：商务印书馆，1989.

39.[美] 托马斯 · 杰斐逊 . 致詹姆斯 · 麦迪逊 [M]. 刘祚昌，译 . 选自《杰斐逊集》，北京：三联书店，1993.

40. 王春法，张国春 . 美国思想库的运行机制及其启示 [J] . 民主与科学，2004 :（3）.

41. 王海明，张鑫 . 借鉴美国经验 建设有中国特色的新型智库 [N] .21 世纪经济报道，2014.

42. 王海明 . 以专业化智库为突破口 发展中国特色新型智库 [N] .21 世纪经济报道，2014.

43. 王海明 . 从美国大选回看美国智库的政治化 [J] . 国际经济评论，2016 :（11）.

44. 王莉丽 . 论美国智库舆论影响力的形成机制 [J] . 国外社会科学，2014 :（3）.

45. 王莉丽 . 旋转门：美国思想库研究 [M] . 北京：国家行政学院出版社，2010.

46. 王莉丽 . 智力资本：中国智库核心竞争力 [M] . 北京：中国人民大学出版社，2015.

47. 王佩亨，李国强 . 海外智库：世界主要国家智库考察报告 [M] . 北京：中国财政经济出版社，2014.

48.[英] 维尔 . 宪政与分权 [M] . 苏力，译 . 北京：三联书店，1997.

49. 吴天佑，傅曦 . 美国重要思想库 [M] . 北京：时事出版社，1982.

50.[美] 小阿瑟 · 施莱辛格 . 美国共和党史 [M] . 复旦大学国

际政治系，译．上海：上海人民出版社，1977.

51. 忻华．美国主要智库对美国对韩贸易政策的影响机制：结构与过程的视角［J］．国际论坛，2012：(2).

52. 肖丁人．政治知识化——智库与政治决策过程的科学化［J］．社会观察，2006：(8).

53.［美］小尤金·约瑟夫·迪昂．为什么美国人恨政治［M］．赵晓力，等译．上海：上海人民出版社，2011.

54. 余章宝．作为非政府组织的美国智库与公共政策［J］．厦门大学学报（哲学社会科学版），2007：(3).

55. 袁鹏．美国思想库：概念及起源［J］．国际研究参考 2002：(10).

56.［美］詹姆斯·麦迪逊．辩论：美国制宪会议记录［M］．尹宣，译．沈阳：辽宁教育出版社，2003.

57. 张春．美国思想库与一个中国政策［M］．上海：上海人民出版社，2007.

58. 张立平．论当代美国的保守主义运动［J］．太平洋学报，2002：(4).

59. 张焱宇．美国思想库介绍——传统基金会［J］．国际研究参考，2001：(11).

60. 赵晓力．美国的意识形态内战［J］．南方人物周刊，2011：(32).

61. 中国现代国际关系研究所．美国思想库及其对华倾向［M］．北京：时事出版社，2003.

62. 朱锋，王月若．领导者的外脑——当代西方思想库［M］．杭州：浙江人民出版社，1990.

63. 朱旭峰，苏钰 . 西方思想库对公共政策的影响力 —— 基于社会结构的影响力分析框架构建 [J]. 世界经济与政治，2004 :(12).

64. Alexander Hamilton, James Madison, John Jay. *The Federalist Papers* (Signet Classics) . New York : New American Library, 2003.

65. Arthur Stevens, Daniel Mulhollan and Paul Rundquist. *US Congressional Structure and Representation : The Role of Informal Groups*.Legislative Studies Quarterly 3, Aug, 1981.

66. Authur Schlesinger. The Imperial Presidency. Boston : Houghton Mifflin Company, 1973.

67. Barry Goldwater. *The Conscience of a Conservative*. Victor Publishing Co., 1960.

68. David Callahan. *$1 Billion for Conservative Ideas : Conservative Think Tanks in the 1990s*. Washington, DC : National Committee for Responsive Philanthropy, 1999.

69. Charles L. Heatherly. *Mandate for Leadership : Policy Management in a Conservative Administration*. Washington, DC : The Heritage Foundation, 1981.

70. David M. Ricci. *The Transformation of American Politics : The New Washington and the Rise of Think Tanks*. New Haven : Yale University Press, 1993.

71. Diane Stone, Frank Cass. *Capturing the Political Imagination : Think Tanks and the Policy Process*. London : Routledge, 1996.

72. Diane Stone, Andrew Denham & Mark Garnett. *Think Tanks Across Nations : A Comparative Approach*. Manchester : Manchester

University Press, 1998.

73. Michael Dolny. *Think Tanks：The Rich Get Richer*. www.fair.org/index.php?page=12; 2000.

74. Donald Critchlow. *The Conservative Ascendancy：How the GOP Right Made Political History*. Cambridge：Harvard University Press, 2007.

75. Donald E. Abelson. *American Think–Tanks and their Role in US Foreign Policy*. London：Palgrave Macmillan, 1996.

76. Eric Foner. *Free Soil, Free Labor, Free Man*. Oxford：Oxford University Press, 1995.

77. Frank Starr. *What Will the U.S. Fight For?*, Baltimore：Baltimore Sun, 1991.

78. Francis Fukuyama . *Political Order and Political Decay：From the Industrial Revolution to the Globalization of Democracy*. London：Macmillan, 2014.

79. George Nash. *The Conservative Intellectual Movement in America Since* 1945. Wilmington：Intercollegiate Studies Institute, 1996.

80. Gordon Lafer. *The One Percent Solution：How Corporations Are Remaking America One State at a Time*. Cornell University Press, 2017.

81. Hartwig Pautz. *Think Tanks, Social Democracy and Social Policy*. London：Palgrave Macmillan, 2012.

82. James A. Smith. *The Idea Brokers：Think Tanks and the Rise of the New Policy Elite*. New York：The Free Press, 1991.

83. James Burnham. *Containment or Liberation? An Inquiry into*

the Aims of United States Foreign Policy. The Annals of the American Academy of Political and Social Science.Vol. 288, NATO and World Peace, 1953.

84. James G. McGann. *2015 Global Go to Think Tank Index Report*（2016）.

85. James G. McGann. *2011 Global Go to Think Tanks Report and Policy Advice*, University of Pennsylvania：Think Tanks and Civil Societies Program.

86. James. G. McGann. *Think Tanks and Civil Societies：Catalysts for Ideas and Action*. New Brunswick and London：Transactions Publishers, 2005.

87. James G. McGann. *The Competition for Dollars, Scholars, and Influence in the Public Policy Research Industry*. New York：American University Press, 1995.

88. James G. McGann & Erik C. Johnson. *Comparative Think Tanks. Politics and Public Policy*. Northampton：Edward Elgar Publishing, 2005.

89. James Piereson. *Shattered Consensus：The Rise and Decline of America's Postwar Political Order*. New York: Encounter Books, 2015.

90. Jason Stahl. *Right Moves：The Conservative Think Tank in American Political Culture Since* 1945. Chapel Hill：The University of North Carolina Press, 2016.

91. Jean Stefancic & Richard Delgado.*No Mercy：How Conservative Think Tanks and Foundations Changed America's Social Agenda*. Philadelphia：Temple University Press,1996.

92. Joel Achenbach. *Wonk If You Love Clinton*. Washington Post, 8 November, 1992.

93. John Gerring. *Party Ideologies in America*. Cambridge：Cambridge University Press, 1998.

94. John McCormack. *Heritage Action's Shutdown Strategy*. The Weekly Standard, 2013.

95. Josef Braml. *U.S. and German Think Tanks in Comparative Perspective*. German Policy Studies, 3（2）, 2006.

96. Justus Lentsch & Peter Weingart. *The Politics of Scientific Advice：Institutional Design for Quality Assurance*. New York：Cambridge University Press, 2011.

97. Kent Weaver. *The Change World of Think Tanks*. Political Science & Politics. Volume 22, Issue 3, 1989.

98. Jeff Krehely, Meaghan House & Emily Kernan. *Axis of Ideology：Conservative Foundations and Public Policy*. Washington, D.C.：National Committee for Responsive Philanthropy, 2004.

99. Kubllay Yado Arin. *Think Tanks：The Brain Trusts of US Foreign Policy*. VS Verlag für Sozialwissenschaften, 2014.

100. Lauren McDonald. *Think Tank and the Media*. Educational Policy, 2013.

101. Lee Edwards. *A Brief History of the Modern American Conservative Movement*. Washington, DC：The Heritage Foundation, 2004.

102. Lee Edwards. *Leading the Way：The Story of Edwin Feulner and Heritage Foundat*ion. New York：Crown Forum, 2013.

103.Lee Edwards. *The Power of Ideas*：*The Heritage Foundation At* 25 Years. Ottawa, Illinois：Jameson Books, Inc., 1997.

104.Macolm Jewell & David Olsen. *American State Political Parties and Elections*. Homewood：The Dorsey Press, 1978.

105.Mark Green & Michele Jolin. *The Change for America*. New York：Basic Books; First Edition（January 5, 2009）.

106.Matthew Gentzkow, Jesse M. Shapiro, Matt Taddy. National Bureau of Economic Research Working Paper Series—*Measuring Polarization in High-Dimensional Data*：*Method and Application to Congressional Speech*. July, 2016.

107.Nancy MacLean. *Democracy in Chains*：*The Deep History of the Radical Right's Stealth Plan for America*. New York：Viking Press, 2017.

108.Norman C. Thomas. *The Politics and the Presidency*. Washington, D.C.：A Division of Congressional Quarterly, 1997, p.248.

109.Morris P. Fiorina. *Unstable Majorities*：*Polarization, Party Sorting, and Political Stalemate*. Hoover Institute Press, 2017.

110.Paul Dickson. *Think Tanks*. New York：Scribner. 1971.

111.Radhika Desai. *Second-Hand Dealers in Ideas*：*Think Tanks and Thatcherite Hegemony*. New Left Review I/203, January-February，1994.

112.Andrew O. Rich & R. Kent Weaver. *Advocates and Analysts*：*Think Tanks and the Politicization of Expertise*, In Interest Group Politics, 5th ed., edited by Allan J. Cigler and Burdett A. Loomis, 235–54.

Washington, D.C：Congressional Quarterly Press.

113.Richard C. Bush. *Thoughts on Think Tanks and Their Role in Modern Society*. Washington, D.C：The Brookings Institution, April 11, 2013.

114.Richard Hofstadter. *The Idea of a Party System：The Rise of Legitimate Opposition in the United States*, 1780—1840 California：University of California Press, 1970.

115.Richard M. Weaver. *Ideas Have Consequences*. Chicago：University of Chicago Press, 1984.

116.Richard N. Holwill. *Agenda'83：A Mandate for Leadership Report*. Washington, D.C.：Heritage Foundation, 1983.

117.Richard N. Holwill. *The First year：A Mandate for Leadership Report*. Washington, D.C.：The Heritage Foundation, 1981.

118.Richard Posner. Foreword：*A Political Court*. Harvard Law Review, 2005.

119.Ronald Reagan. *Address to the Conservative Political Action Conference*. March 20, 1981. http：//www.Conservative.org/acuf/our-philosophy/.

120.Sidney Blumenthal. *The Rise of the Counter Establishment*. New York：Harper & Row, 1986.

121.Tevi Troy. *Devaluing the Think Tank*. National Affairs, Winter 2012.

122.Theodore Roszak. *The Making of a Counterculture*. Berkeley：University of California Press,1969.

123.Thomas Medvetz. *Think Tanks in America*. Chicago：University of Chicago Press, 2012.

124.Tim Alberts. *Republican Lawmakers Retaliate Against Heritage Foundation*. National Journal, 2013.

125.Will Marshall, Martin Schram. *Mandate for Change*. New York：Berkeley Books, 1993.

126.William J. Novak. *The People's Welfare*. Chapel Hill：University of North Carolina Press, 1996.

127.Woodrow Wilson. Congressional Government, 1885.

128.Lee Edwards. *The Conservative Revolution：The Movement that Remade America*. New York：Simon & Schuster, 1999.

深度访谈的部分机构与名单

访谈时间：2013 年至 2018 年

单位	姓名	职务
1. 智库与高校		
彼得森国际经济研究所（Peterson Institute for International Economics）	弗雷德·伯格斯坦（Fred Bergsten）	创始所长
	亚当·珀森（Adam Posen）	所长
	尼古拉斯·罗迪（Nicholas Lardy）	安东尼·M .所罗门资深会员
布鲁金斯学会（Brookings Institution）	李侃如（Kenneth Lieberthal）	外交政策项目和全球经济与发展项目高级研究员
	威廉·安索利斯（William Antholis）	政府研究非常驻研究员，原运营总监
	李成（Cheng Li）	约翰·桑顿中国中心主任和外交政策项目高级研究员
战略与国际问题研究中心（Center for Strategic and International Studies）	克雷格·柯恩（Craig Cohen）	执行副总裁

续表

单位	姓名	职务
战略与国际问题研究中心（Center for Strategic and International Studies）	斯考特·米勒（Scott Miller）	高级顾问、威廉·M. 肖勒国际商务研究项目主管
	斯考特·肯尼迪（Scott Kennedy）	费和中国研究项目主管、中国商务和政治经济项目主管
	马修 ·P. 古德曼（Matthew P. Goodman）	亚洲经济研究主管，William E. Simon 讲座研究员
	安德鲁·施瓦茨（Andrew Schwartz）	首席传讯官
美国企业研究所（American Enterprise Institute）	德里克·希瑟斯（Derek Scissors）	常驻学者，中国及印度经济以及美国与中印两国经济关系研究专家
	迈克尔·斯特兰（Michael R. Strain）	John G. Searle 研究员，经济政策研究主任
	克劳德·巴菲德（Claude Barfield）	常驻研究员，前美国贸易代表办公室顾问
加图研究所（The Cato Institute）	大卫·鲍兹（David Boaz）	执行副所长
	特雷弗·伯勒斯（Trevor Burrus）	宪法研究中心高级研究员、Cato Supreme Court Review 副主编
	约翰·海莫曼（John Heimerman）	财务行政副所长、首席行政官
威尔逊中心（Wilson Center）	坎特·休斯（Kent Hughes）	美国和全球经济项目（PAGE）前主管
	罗伯特·达利（Robert Daly）	基辛格中美关系研究所主任

续表

单位	姓名	职务
传统基金会（The Heritage Foundation）	埃德温·福伊尔纳（Edwin Feulner）	总裁
	沃尔特·罗曼（Walter Lohman）	亚洲研究中心主任
	卡斯腾·沃尔特（Carsten E. Walter）	发展部门主任
	李·爱德华兹（Lee Edwards）	杰出研究员，美国保守主义历史学家
城市研究所（Urban Institute）	约翰·罗杰斯（John Rogers）	执行副所长兼首席财政官
卡内基国际和平基金会（Carnegie Endowment for International Peace）	汤姆·卡佛（Tom Carver）	战略与传播副会长
	包道格（Douglas H. Paal）	副会长
兰德公司（RAND Corporation）	迈克尔·洛斯坦波（Michael Lostumbo）	亚太政策中心（CAPP）主任
	凯斯·克里恩（Keith Crane）	环境、能源与经济发展项目主任、帕地兰德研究生院教授
外交关系协会（Council on Foreign Relations）	罗伯特·鲁宾（Robert Rubin）	时任总裁
	克里斯托弗·M. 塔特尔（Christopher M. Tuttle）	华盛顿项目部负责人
	海迪·克莱伯—瑞迪克（Heidi Crebo-Rediker）	兼职高级研究员、国务院前首席经济学家

续表

单位	姓名	职务
芝加哥全球事务委员会（Chicago Council on Global Affairs）	迈克尔·莫斯科（Michael Moskow）	全球经济副总裁、杰出研究员
	菲利普·利维（Philip Levy）	高级研究员
美国进步中心（Center for American Progress）	鲁迪·德里奥（Rudy Deleon）	国家安全与国际政策项目高级副总裁
	韩美妮（Melanie Hart）	高级研究员、中国政策主任
保尔森研究所（Paulson Institute）	汉克·保尔森（Hank Paulson）	所长
	方艾文（Evan A. Feigenbaum）	副所长
杜鲁门学者基金会（The Harry S. Truman Scholarship Foundation）	安德鲁·里奇（Andrew Rich）	《智库、公共政策和专家治策的政治学》作者
胡佛研究所（The Hoover Institution）	迈克尔·G. 弗兰克（Michael G. Franc）	华盛顿项目主任
大西洋理事会（The Atlantic Council）	安德里亚·蒙塔尼诺（Andrea Montanino）	国际商业与经济项目主管

续表

单位	姓名	职务
美中关系全国委员会（The National Committee on United States-China Relations）	简・贝瑞丝（Jan Berris）	副总裁
预算与政策优先中心（Center on Budget and Policy Priorities）	杰瑞德・伯恩斯坦（Jared Bernstein）	总经济学家、时任副总统拜登的经济顾问、奥巴马总统经济团队成员
世界大型企业研究会（The Conference Board）	巴特・范亚克（Bart van Ark）	世界大型企业研究会执行副总裁及首席经济学家
美国亚洲协会（Asia Society）	荣大聂（Daniel Rosen）	政策研究所研究员
美国哈佛大学（Harvard University）	威廉姆・H. 欧文霍特（William H. Overholt）	肯尼迪学院艾什民主治理与创新中心资深研究员
	理查德・库珀（Richard Cooper）	经济系教授、美国前副国务卿
	德怀特・帕金斯（Dwight Perkins）	政治经济系荣誉退休教授，曾任哈佛大学东亚研究中心副主任、经济系主任

续表

单位	姓名	职务
2. 国会		
美国众议院财政立法委员会（Committee on Ways & Means of the U.S. House of Representatives）	安吉拉·艾拉德（Angela Ellard）	共和党首席贸易顾问
美国参议院民主党指导和拓展委员会（The Senate Democratic Steering and Outreach Committee）	C. 帕特里克·海耶斯（C.Patrick Hayes）	主任
美国众议院共和党研究委员会（Republican Study Committee）	尼古拉斯·罗德曼（Nicholas Rodman）	专业政策研究员
美国国会中国经济与安全审查委员会（US-China Economic and Security Review Commission）	迈克尔·丹尼斯（Michael Danis）	执行总监
	保罗·马格努森（Paul Magnusson）	经济与贸易高级分析师

续表

单位	姓名	职务
3. 政府部门		
美国财政部（The Treasury）	卡伦·戴南（Karen Dynan）	时任财政部助理部长兼首席经济学家
	罗伯特·多纳（Robert Dohner）	财政部亚洲事务副部长助理
美国国家安全委员会（National Security Council）	罗伊·麦克法夸尔（Rory Macfarquhar）	时任奥巴马总统特别顾问及高级主管
白宫经济顾问委员会（Council of Economic Advisers）	莫里斯·奥伯斯法尔德（Maurice Obstfeld）	时任首席宏观经济学家，现任IMF 首席经济学家
美国商务部（Department of Commerce）	艾伦·特里（Alan Turley）	国际贸易管理局中蒙事务副部长助理

后 记

为了深入理解美国的智库体系，笔者曾于2013年至2018年六次赴华盛顿、纽约等地走访美国一线智库，与这些智库的相关负责人和研究员进行交流，并有意识地对美国保守主义运动和意识形态智库以及宪法研究领域的著名学者进行访谈。

这些访谈机会主要得益于笔者所在的中国金融四十人论坛（以下简称四十人论坛），理解美国的智库体系是四十人论坛国际化的需要，也是我个人的兴趣所在。六年前，一些问题很明显地摆在我眼前：为什么美国智库能有如此大的影响力？这种影响力模式是否美国独有？美国的经验有多少可以复制或移植？单纯了解美国智库的管理模式对中国的新型智库建设会有启发，但恐怕难以真正理解其内在逻辑，由此又很容易带来邯郸学步式的尴尬。还有哪些角度有助于理解美国的智库呢？也许政治和历史的视角可以更好地提供答案。从关于美国智库的一些基本问题出发，进而发掘美国保守主义智库的兴起逻辑及其在保守主义运动、美国政治两极化过程中彻底的政治化，笔者最终有机会找到了一条更有价值的分析路径。

当前，中国的智库建设正面临着前所未有的发展契机。2013年4月，习近平总书记首次提出建设“中国特色新型智库”的目标；之后，十八届三中全会相关决定中明确提出“加强中国特色新型智库建设，建立健全决策咨询制度”；2014年10月，习总书记在中央全面深化改革领导小组第六次会议上指出，要把中国特色新型智库建设作为一项重大而紧迫的任务切实抓好，并提出要重视专业化智库建设。在此过程中，中国各类智库在体制内外得到了更多的关注与支持。对比美国，当前中国智库的发展契机类似于20世纪初的“进步时代”。100年前的美国，其经济实力已经全球领先，同时也面临贫富差距扩大等各类社会问题。在“进步时代”，美国社会各界推崇用专业的、科学的方式解决政府管理中面临的问题。以布鲁金斯学会为代表，美国第一批智库应运而生。

在可预见的几年内，中国将成为世界第一大经济体，而现代社会、现代经济、现代金融体系也面临着一系列实际问题的挑战，国家治理体系和治理能力的现代化需要集聚各界智慧，也在呼唤更多有影响、高质量的现代智库。不同于美国的情况，中国绝大多数属于体制内智库，所有智库所分享的是共同的价值观。美国意识形态智库尤其是保守主义智库的发展历程和模式，有些值得借鉴，有些值得警惕。其中最需要警惕的是美国智库的政治化发展，这不仅有害于政治的清明，也有害于智库的理性。值得借鉴的是，美国智库重视研究成果的质量，尤其是重视智库的独立性。独立性是质量最重要的保证因素，是智库的需要，也是政府的需要。在中国，无论体制内智库还是社会智库，如果能基于相同的价值观和不同的视角，在独立的前提下开展研究，生产出与政府部门“不一样”的研究成果供决策层参考和比较，其自身价值也会更大。中国的社会智库相比美国要弱小得多，尽管没有像体制内智库那样享受财政拨款、人员编制等方面的支持，但其天然的独立性特征，一方面有利于这些智库心无旁骛地开展政策研究，另一方面也让这些智库有优势搭建非官方国际交流的“第二轨道”。当然，社会智库要发展，最核心的考验还在于能否在相对独立的框架下坚持专业化的研究路径、吸引高水平的研究人员、提供高质量的研究成果。

四十人论坛从零起步，走出了一条独具特色的新型智库道路。这条道路不同于国内外既有的智库模式，借用四十人论坛首届常务理事会主席陈元先生概括开发性金融理论时的表述，可以说是“用市场化的方式支持国家战略”，也可以进一步表述为“以市场化的方式支持国家决策咨询”，其对应的是非营利框架下的一系列组织模式创新。成立之初，四十人以“论坛”为基础，在第一届理事会主席蒋超良和第一届学术委员会主席谢平的支持下，以开展有特色的闭门研讨活动为主，辅之以内部竞争和年度淘汰机制，立项课题、召开评审会，发布研究报告，出版系列专著，形成了一个富有成果的高质量交流“平台”。随着品牌影响力、财务基础的不断积累，论坛实力持续增强，平台之下研究院、基金会等一系列实体智库陆续成立，有钱颖一、蔡鄂生先生分别担任上海和北方新金融研究院院长，也有管涛、张斌、谢平、哈继铭等一流的专职研究人员加盟四十人金融研究院。相比国内外传统智库“先有研究人员，后有研究成果”的一般模式，四十人论坛打破常规，从平台做起，由闭门会议研讨到专职研究人员研究，实现了“先有研究成果，后有（专职）研究人员”、从平台到“平台 + 实体”的新型智库发展模式，也自然形成了平台和实体研究机构内部尊重研究和服务于研究人员、追求高水平的研究成果和对竞争淘汰机制的认同文化。

四十人论坛坚持专业化智库的发展路径，其内部核心原则是“选题、质量和影响力”，也就是要持续优化选题、持续提高研究质量、持续提升研究成果和智库平台的影响力。四十人论坛的质量管理框架类似于彼得森国际经济研究所，而模式上又有所不同。除了实体智库和高级研究员，在这里，一个规范而有效的交流平台优势明显。

从2007年下半年筹备开始，四十人论坛已走过10年。10年来的发展历程，可谓筚路蓝缕。作为一家民间智库平台，每一步前行都要面对前所未有的难题。还好，每一道难题的背后，总有一扇创新之门。四十人论坛的创新之路，小而言之是初步实现了新型智库模式的组织创新，大而言之则有望探索出一条中国知识分子以独立的身份、用专业知识报效国家的新路径。从中国历史上看，知识分子通常以“修齐治平”为自身价值实现的目标，以“济苍生，安社稷”为己任。然而，传统上，怀揣报国理想和满腹经纶的“士”，其报国路径无非登科入仕或充当幕僚，身份和经济上的独立性缺乏可持续的组织模式和经济基础。

从2007年筹备期的管涛、钟伟、陆磊3位到2008年成立之初的40位创始成员，四十人论坛的研究平台上逐渐聚集了金融界体制内外各类机构300余位成员、顾问和理事，他们以个人身份参与内部研讨，承担研究课题。尤其是2015年开始加盟的专职高级研究员，以独立的身份专注开展前瞻性和针对性的政策研究，持续挖掘重点问题，成为智库研究的基础力量。平台之下研究院、基金会与金融界的各类机构形成持续的合作关系，不仅为各项研究提供了良好的经济基础，也让研究本身更接近市场、接近政策，更接地气。下一步，四十人论坛有望进一步集聚更多高水平的专职高级研究员，在现代智库的模式下持续开展专业研究，持续支持中国经济和金融的现代化，从而实现自身以专业研究报效国家、兼济天下的理想。

2012 年以来，得益于常务理事会主席陈元先生的引领和学术委员会主席钱颖一、黄益平老师的支持，四十人论坛在国际化的道路上快步前进。对美国智库体系的观察与思考，一方面帮助我更好地服务于四十人论坛的国际交流与合作，另一方面也让我得以完成学业。就个人而言，专注学术研究在走出校园之后相当长的一段时间内都是我一个难以割舍的理想，也许读博士是一个好的入口。然而，现实很骨感，学术之路道阻且长，何况智库运营早已成为我的志业。

本书的写作，基于 2016 年 12 月完成的博士论文，之后一年多的时间里，我努力抽出时间对论文加以完善，主要是想给自己这段学习经历一个交代。也许因为智库运营的经验，或是所读的政治学理论专业，笔者观察美国智库的角度也有所不同。四十人论坛的运营经历为我理解智库逻辑提供了丰富的养料，而手头厚厚的几本访谈录，更是见证了我对美国智库的认识过程。当然，我并非专注研究的学者，完善书稿的过程中，一方面忐忑于学术上的规范，另一方面又担心占用的时间耽误了手头的智库运营工作。在论文的基础上侧重逻辑和可读性的完善，这样的决定让我轻松了很多，又等于认同在学术规范上没那么严谨了。尤其是对特朗普时期的分析，因为一切才刚刚起步，无论是可参考的材料还是事实已经呈现出的逻辑，都未必成熟。2018 年 1 月 1 日，传统基金会第六任总裁正式上任，埃德温·福伊尔纳为期 7 个月的紧急接盘告一段落，传统基金会故事的续集才刚刚开始。总之，书稿肯定还有不少问题，本书所呈现的只是一个历史片段中的一部分逻辑，本人对内容的逻辑和可读性等方面也还不满意，只是时间上不想再拖了。

本书涉及的访谈和写作历时 5 年有余，在此过程中，有来自各方面的帮助。首先要感谢李强老师对论文和本书写作的大量指导，感谢袁刚、王焱、查道炯、韩水法、段德敏、霍伟岸、孔新峰等老师对论文提出的评审和修改意见，这些老师主要来自政治学领域，他们的指导和批评让我不断努力从智库走向美国的政治体系；论文思路的形成，要感谢华盛顿访问过程中来自里奇、弗兰克和李·爱德华兹的启发，里奇让我意识到美国意识形态智库的重要，弗兰克让我注意到保守派中的“融合主义”，李·爱德华兹熟知保守主义运动并与我反复探讨传统基金会的发展逻辑——当然，让我清楚传统基金会政治化路径的是埃德温·福伊尔纳和在美国国会的实地调研；要特别提到的是四十人论坛 2012 年以来与彼得森国际经济研究所的交流与合作，合作过程让我有机会深入观察美国智库，尤其是其老所长伯格斯坦对独立智库内在逻辑的解析，现任所长亚当·珀森热心帮忙联络华盛顿的智库和国会、白宫等相关方面，珀森先生甚至把自己内部管理的重要文件和盘托出，让我受益匪浅；还要感谢访谈和写作过程中四十人论坛各位老师和同事的帮助，感谢几年间一起赴美访问的黄益平、刘晗、宋姗姗、张鑫、李静、何晓贝、胡冰，感谢钱颖一和黄益平老师、隆国强、管涛、郭凯、高善文、钟伟、张斌对书稿提出的宝贵意见，感谢叶枫、廉薇、马冬冬、林月婷、王梦涵、臧子明、杨博、王星、裴苒迪、邓欢、康怡安、孟凡钰、刘入源等同事帮忙查找资料、完善脚注；感谢老朋友、中信出版集团总编辑乔卫兵和本书的责任编辑寇艺明对书稿的完善数次给出宝贵建议；最后要特别感谢家人对我工作和学习的支持，尤其要感谢我的儿子——在我压力大的时候，常常是他带给我快乐，而我却不能给他应有的陪伴。

王海明

2018 年 1 月 20 日